董燕⊙编著

诗词赣剧音乐赏析

SHICI GANJU YINYUE SHANGXI

江西人民出版社
Jiangxi People's Publishing House
全国百佳出版社

图书在版编目（CIP）数据

诗词赣剧音乐赏析 / 董燕编著. -- 南昌：江西人
民出版社，2021.12
ISBN 978-7-210-13403-9

Ⅰ.①诗… Ⅱ.①董… Ⅲ.①诗集—中国—中学—教
材②赣剧—音乐欣赏—中学—乡土教材 Ⅳ.①G634.301
②G634.591

中国版本图书馆CIP数据核字(2021)第171650号

诗词赣剧音乐赏析
SHICI GANJU YINYUE SHANGXI

董　燕　编著

责 任 编 辑：何　方
装 帧 设 计：同异文化传媒

江西人民出版社　出版发行
Jiangxi People's Publishing House
全 国 百 佳 出 版 社

地　　　址：江西省南昌市三经路 47 号附 1 号
网　　　址：www.jxpph.com
电 子 信 箱：155275162@qq.com
编辑部电话：0791-86898846
发行部电话：0791-86898801
承 印 厂：北京虎彩文化传播有限公司
经　　　销：各地新华书店

开　　　本：720毫米×1000毫米　1/16
印　　　张：5.25
字　　　数：10千字
版　　　次：2021 年 12 月第 1 版
印　　　次：2021 年 12 月第 1 次印刷
书　　　号：ISBN 978-7-210-13403-9
定　　　价：58.00 元
赣版权登字—01—2021—484

目录

江西戏剧音乐文化的经典

——赣剧音乐

江西具有悠久的历史文化和光荣的革命传统，民族民间音乐形式丰富多样、色彩斑斓，如民歌有：号子、山歌、小调、灯歌、风俗歌、儿歌等；戏曲音乐有：赣剧、宜黄戏、采茶戏、秧歌戏等；曲艺音乐有江西道情、上饶渔鼓、莲花落、江西清音等，还有和大量的民间器乐曲。其中赣剧是江西省具有代表性的地方古典大剧种，具有强大的生命力和艺术魅力，是"赣文化"的一个重要组成部分，赣剧音乐也成为江西音乐文化的经典。

一、赣剧音乐悠久的历史沿革

赣剧是江西省具有代表性的地方古典大剧种，历史悠久，源远流长，是我国明代风行全国的弋阳腔在江西本地的延续。弋阳腔形成于明初赣东北弋阳地区，是在宋元南戏的基础上，融合当地方言、民间音乐以及地域民俗，辗转改益而滋生的一种全新的地方腔调，至今已有 500 多年历史。明朝祝允明（1460—1526 年）在《猥谈》一书中记载："自国初来，公私尚用优伶共事。数十年来所谓南戏盛行，……今遍满四方，辗转改益，……妄名余姚腔、海盐腔、弋阳腔、昆山腔之类。"[①] 可见，在 1526 年以前，包括弋阳腔在内的南戏四大声腔已广泛盛行。"今唱家称弋阳腔，则出于江西，两京、湖南、闽、广用之。"[②] 明嘉靖年间（1522—1566 年）弋阳腔流传到安徽池州府青阳一带，和当地语言及民间音乐结合演变成了"青阳时调"，广泛流传于江苏、浙江、江西、福建、广东、四川、湖北、山西、河南、山东等地。明万历年间（约 17 世纪初）皖南的"青阳时调"又传回赣北，在湖口、都昌一带扎根，并流传至今。弋阳腔在其流行区域内不断吸收新腔，于清道光年间已完成高、昆、弹三腔体系，逐步壮大成为多声腔的剧种。

在革命战争时期，赣剧艺人投身革命。红军北上后，赣东北地区人民受到反动当局极大摧残，戏班凋零。1950 年，饶河班、广信班两派相合，以省简称赣而定名赣剧。1951 年首次进入南昌，1953 年成立江西省赣剧团。于 1958 年在弋阳创办了一个专唱高腔的专业剧团，1960 年建立了江西省赣剧院（下设三个团），集广、饶两班于一堂，并把青阳腔也划入赣剧，至此全省赣剧团发展壮大。中华人民共和国成立后，赣剧团陆续演出许多整理改编的优秀传统剧目，

---

① 参阅《中国戏曲音乐集成》。

② 徐渭《南词叙录》记载。徐渭（1521—1593 年），《南词叙录》1557 年成书。

并编演了一些历史剧和大批现代戏，演到哪红到哪，深受群众的喜爱，还一度出现"南花北放"的演出盛况。

"文革"期间，赣剧发展停滞，直至 1978 年 12 月党的十一届三中全会后，赣剧才又开始活跃了起来。至 1985 年，江西省共有十个赣剧团。目前，江西省有江西省赣剧院、乐平市赣剧团、鄱阳县赣剧团、万年县赣剧团、弋阳县弋阳腔剧团等几大专业剧团，业余赣剧团也遍地开花。

二、赣剧音乐结构系统的完整性

赣剧，有自己特有的剧目和唱腔体系。赣剧音乐的唱腔体系及器乐曲牌的种类（即今日的声乐和器乐），这两个构成部分都已形成一个相当完整的系统，品种丰富多样，结构完整。

（一）声乐唱腔体系

赣剧的传统唱腔可分为三大类：高腔、昆腔和弹腔。高腔部分包括弋阳腔和青阳腔。弹腔部分包括二黄、西皮、南北词（又称文南词）、老拨子、秦腔、浦江调、浙调和梆子。

赣剧弋阳腔，唱腔形式由曲牌连缀而成。"词曲交融"，　句唱词基本构成一个乐句。唱段有五种板式，即散板、紧板（紧打慢唱）、流水（流水板）、正板和慢板。弋阳腔创立了主调善变规律，众多的唱腔曲牌就是主调善变规律生发而成。

青阳腔丰富了弋阳腔的滚唱，发展成为滚调。它的唱腔形式由高调曲牌和横直曲牌组成。高调曲牌是唱腔音乐的主要组成部分，沿用弋腔干唱、帮腔和锣鼓助节三种音乐手段构成。唱腔委婉、挺拔。

弹腔亦称乱弹，是赣剧中最具群众基础、传播最广泛的唱腔体系。弹腔又包括五类声腔：皮黄腔、南北词（又称文南）、老拨子、浙调、梆子。

皮黄腔：又分西皮、二黄（又称二凡、二番）和反字（饶河派称反调，信河派称凡字）。西皮腔，是赣剧弹腔中的主要曲调，虽类似京剧的西皮，但比京剧产生更早，曲调更古朴，保持了地方戏的色彩，伴奏由赣胡主奏，有倒板(导板)、正板、垛子、快板、流水(散板)、摇板等较完整的板式，分男女腔。二黄，由赣胡为主伴奏，有倒板（导板）、正板、连板、哭头、流水（散板）、摇板等较完整的板式，也有男女腔。反字（亦称反二黄），也有正板、连板、倒板和流水等，曲调阴沉凄凉，传统戏中多用在托梦、哭灵处，有"阴司调"之称。南北词，曲调优美抒情，分南词（又叫弹簧或滩簧）和北词（又叫文词）。北词为江西所固有，曲调朴实沉郁而略带感伤，有倒板、正板、连板、流水等。南词由浙江传入，曲调婉转明快，而多变化，有正板、连板、叠板、快板（激板）及哭相思、弦索调、花滩等。南北词在同戏中可以混合采用。老拨子（又叫拨子）、秦腔、浦江调是同一类的腔调，和徽剧、京剧中的高拨子相似，拨子中有倒板、十八板、正板、快板、流水等成套的板式。拨子唱腔以唢呐伴奏为主，腔调高昂悲愤。赣剧的秦腔，腔调轻松愉快，常以笛子伴奏为主，净角演唱还加用小唢呐。浦江调来自浙江，有倒板、正板等。板式变化较多，秦腔和浦江调常向老拨子借用其板式。并与西皮、二黄混用。浙调，据说是从婺剧金华班传来，腔调古朴典雅、优美愉悦，板式有倒板、正板、叠板、流水。老浙调、七江调等，用笛子伴奏为主。梆子，自安徽的徽班传入江西，调门较高，常用小嗓演唱，伴奏以板胡为主，乐队中加入竹梆击节，有倒板、正板、摇板、快板等。

（二）器乐曲牌体系

器乐曲牌在结构上有文场、武场之分。演奏民族管弦乐器（如笛、唢呐、二胡、月琴等）的就是文场。演奏打击乐器（如板鼓、鼓、锣、钹等）的就是武场。

器乐曲牌有的原本是有唱词的，后只奏不唱，成了器乐曲。有的也可能是选取了民间的器乐曲，如唢呐吹奏、笛子吹奏的小曲等。在赣剧器乐曲牌中有数百种曲目，各具风格，丰富多彩，变化无穷。它是根据各剧目内容场景需要选用的共用"器乐曲"。按照演奏形式分类有：大吹打曲牌（以一对大唢呐为主加打击乐器合奏）；小吹打曲牌（以一支小唢呐为主加丝弦乐器及打击乐器合奏）；细吹打曲牌（以一对笛子为主加丝弦乐器及打击乐器合奏）；丝弦曲牌（以赣胡为主配以其他丝弦乐器合奏）。按照曲牌的表现情绪和场景用途分类，则可分为：军乐、喜乐、宴乐、舞乐、哀乐、神乐六大类。

武场：是赣剧音乐也是中国戏剧音乐中的特有的音乐演奏形式，是用打击乐演奏的曲牌，称为锣鼓经。打击乐器特别丰富，有木制类：如板、梆、木鱼等；皮制类：堂鼓、大鼓、排鼓、板鼓等；金属制类：如各种锣、钹、钟、铃等。各种打击乐器在不同节奏的组合与不同音色的组合与变化中形成了各种不同的锣鼓经，表现力极为丰富，大自然的风云变幻、人的生活场景小到蜻蜓点水、大到千军万马的战争场景都用武场打击乐的演奏音乐来表现。赣剧的锣鼓经与其他剧种的锣鼓经会有类似或不同的情况差异存在。分为唱腔锣鼓、身段锣鼓、闹台锣鼓三部分。"闹台"是开演前器乐演奏的大段音乐，类似西洋歌剧中的"前奏曲"。闹台锣鼓有两种：一种是吹打曲牌与锣鼓经合奏的"花闹台"，另一种是用各种锣鼓经组合成套的"七星闹台"。

从以上可以看出，赣剧无论是从声乐唱腔还是器乐曲牌结构而言，在历史的进程中自身已具备极强的系统性，并非江西一般的民歌或其他剧种可以媲美的。

三、赣剧音乐风格的独特性

中国的民族戏曲历史悠久，种类繁多、色彩斑斓，有据可考的就有近三百个剧种，"中国有十大剧种：赣剧、川剧、昆剧、豫剧、秦腔、京剧、粤剧、评剧、黄梅戏、越剧。"[①] 赣剧名列榜首。赣剧作为一种舞台艺术，表演夸张、强烈、凝练而细致，深刻反映着下层民众的疾苦及对美好生活的期盼与向往。其艺术风格的独特区别于其他任何艺术剧种，经历了几百年的演变与发展，既没有被异化也没有被同化，而是地域特色越来越鲜明，独树一帜，鲜艳夺目，经久不衰，在江西音乐文化中显得格外耀眼。全国 11 个省的 37 个剧种的形成都受过弋阳腔的影响。

赣剧音乐风格的独特性与她的形成历史是密不可分的。自南宋

---

① 参阅《中国民族音乐大观》秦咏诚 魏立主编，沈阳出版社 1989 年版。

以来至清顺治六年，战乱与灾荒导致弋阳县人口锐减五分之四，社会的动荡不安与生命受到威胁时的挣扎和呐喊将其锻造成了"高腔"。弋阳高腔一直保持"其节以鼓，其调喧"的原始风貌；青阳高腔虽然演唱形式沿弋阳高腔"不托管弦、锣鼓助节、一人启齿、众人帮和"的路子，但在声腔的结构和表现方法上，旋律起伏显著，板头变化较多，因而比弋阳高腔的"粗犷、豪放"来得委婉、柔和些。经改革后，配以管弦伴奏，更丰富了声腔的表现力，如今青阳高腔已成为赣剧一项具有独特风味的声腔了。

四、赣剧音乐欣赏的普适性

赣剧长期在赣东北的广大农村和城镇中演出，剧目内容多从人们的现实生活出发，其舞台艺术形成了一种古朴厚实亲切逼真的地方风格，具有深厚的观众基础，老少皆宜、雅俗共赏、古今贯通、中外赞誉。

（一）传播地域

赣剧不仅具有本地区的观众，如赣东北地区的上饶、鄱阳、乐平、万年、弋阳、贵溪等，明代前中期曾流布及安徽、江苏、浙江、福建、广东、湖南、湖北、云南、贵州及北京等地。1959 年底，黑龙江省委第一书记黄火青联合致电江西省委第一书记杨尚奎，邀请江西省赣剧团赴东北三省演出。1960 年，东北的黑龙江、吉林两省分别派员南下移植赣剧。东北演出、传艺之余，江西省赣剧团还帮助组建了吉林省赣剧团、黑龙江省赣剧团。赣剧一度深受群众欢迎，赣剧团每天都有演出，节假日更是一天要演两三场。赣剧不仅在省内大受欢迎，而且先后到过武汉、长沙、福州、厦门、上海、南京、天津、北京、合肥、济南、沈阳、长春、哈尔滨等地演出。

（二）雅俗共赏

江西省赣剧团是赣剧的代表性、示范性剧团。自 1953 年组建以来，演出了许多古典名剧。1959 年夏，毛泽东在庐山观看了江西省赣剧团演出的弋阳腔《还魂记》[①]后，赞不绝口，对杜丽娘的饰演者潘凤霞更是给予了"美、秀、娇、甜"四个字的高度赞誉，全国上下形成了一股赣剧热。40 多年后的 2003 年 12 月 23 日，新版赣剧《牡丹亭》在江西艺术剧院举行首轮公演，并连演三天。饰演杜丽娘的童丹以其韵味十足的表演和回肠荡气的海岩腔，台下无数观众为之沉醉。正如余秋雨所说："《牡丹亭》把每个人心中潜伏的那首诗都唤醒了。" 2003 年 10 月 23 日至 26 日，郭汉城、康式昭、王安葵、叶长海、季国平、查振科、刘祯等专家学者专程赶到南昌参加由江西师范大学主办的"新版赣剧《牡丹亭》学术研讨会"，给予了高度评价。

1992 年江西省赣剧团应邀赴香港参加"92 神州艺术节"，引起极大震撼。在新光戏院连演三场，场场爆满，掌声雷动。1993 年、

---

① 赣剧弋阳腔《还魂记》是由著名戏剧家石凌鹤先生根据汤显祖的《牡丹亭》改译的。《牡丹亭》不仅在中国戏曲史上占有重要的地位，在海外也具有很大的影响。汤显祖（1550 年 9 月 24 日—1616 年 7 月 29 日），享有"东方莎士比亚"之誉的我国明代伟大戏剧家，昔日江西抚州府临川人。

1995 年再度应邀赴新加坡参加"狮城地方戏曲展"，好评如潮^①。

2009 年 11 月，赣剧《窦娥冤》赴法国参加由巴黎中国文化中心主办、巴黎市蒙浮剧场协办的第四届巴黎中国戏曲节，这是江西赣剧首次参加国际比赛并获表彰。在巴黎演出时，蒙浮剧场座无虚席，观众沉浸于浓厚的艺术氛围中，演出结束后，掌声经久不息。

五、赣剧音乐发展的可持续性

（一）艺术基础厚植保证了发展的可持续性

赣剧在历史演变过程中，形成了自己扎实的艺术基础，例如饶河派与信河派便是最传统的两大派系。器乐曲牌现存传统丝竹和打击乐 400 余支。现存弋阳腔曲牌有 220 余支，按曲牌特性音调、调式特征及演唱帮腔的特点大致可分为：[驻云飞]类、[江儿水]类、[红衲袄]类、[新水令]类、[汉腔]类等五大类，这五类还可再往下细分。青阳腔现有高调曲牌与横直曲牌共 300 余支，高调曲牌分 [驻云飞]类、[红衲袄]类、[江头金桂]类、[绵搭絮]类、[九调]类、[香柳娘]类、其他类等八类；横直曲牌按演唱及演奏特点，大致可分三类：九调类、公曲类、过场类。每类曲牌都有各自的用途。昆腔现存 280 余支曲牌。

剧目容纳了不同时期音乐与文学等文化，渗透着各个时期戏剧家的思想与民间文化。弋阳腔剧目有所谓"十八本"之说，即《青梅会》《古城会》《风波亭》《定天山》《金貂记》《龙凤剑》《珍珠记》

---

① 参阅《瑰丽的赣剧之花——江西省赣剧团》，1997 年第 5 期。

《卖水记》《长城记》《八义记》《十义记》《鹦鹉记》《清凤亭》《洛阳桥》《三元记》《白蛇记》《摇钱树》和《乌盆记》，到 1949 年，只能上演四本正戏和部分单折；青阳腔剧目，多数出自明代传奇，保存较完整的大小剧目 80 余出，如《吐绒记》《百花记》《三跳涧》《香球记》《双杯记》《五桂记》等；乱弹"老路戏"传统剧目非常丰富，共有整本戏 130 多本，单折戏也有很多，其中有《三官堂》《四国齐》《禹门关》等二凡戏和《祭风台》《花田错》《芦花河》等西皮戏以及西皮二黄戏《二黄图》《蓝田带》《龙凤阁》等，另有二凡拨子戏《万里侯》《打金冠》等，以后又不断从徽剧、婺剧、文南词中移植了一些剧目，大多只有提纲无准词，称为"水路戏"。1949 年后，在党和政府的关怀下，组织了大批专业人士对赣剧的传统剧目和音乐进行了大量的挖掘和整理革新工作，陆续上演了许多优秀剧目。整理改编了：弋阳腔《尉迟恭》《张三借靴》《送衣哭城》《花木兰》（1955年排演的新编古代戏），还有古典名剧《珍珠记》（于 1958 年被拍成电影，在全国上映）、《还魂记》（于 1960 年被长春电影制片厂拍摄成第一部彩色赣剧电影）、《邯郸记》、新编历史剧《西域行》及现代戏《一群穆桂英》《红色宣传员》《奇袭边平》《盗种》《铁肩红心》《祭碑出征》等；青阳腔《双拜月》《百花赠剑》《西厢记》；弹腔《梁祝姻缘》《借女冲喜》《白蛇传》《装疯骂殿》《孟姜女》；昆腔戏《悟空借扇》《相梁刺梁》等。

（二）改革与创新保证了发展的可持续性

改革开放以来，受政治、经济、文化的影响，人们精神面貌也发生了翻天覆地的变化，科技的发展给人们的娱乐生活带来了越来越多丰富多彩的消遣方式，也给赣剧发展带来了危机与契机。危机表现为：原来演出剧目中，拖沓的故事情节还有迂回绕转的唱腔已赶不上现代人生活的节奏，不能满足新时期人们审美的需求，正淡出人们的文化视线。契机表现为：作为一个传统大剧种，要想生存下来，要保留并吸取观众，就必须要改革，必须要创新，因为观众是戏剧生存之本。于是，赣剧在近几十年，无论是在排演的剧目上还是在音乐与表演上都有了很大的创新。

传统赣剧由过去表演古典故事到反映新时期人物故事。如2004年鄱阳县赣剧团精心打造的赣剧《詹天佑》参加第七届中国艺术节，获得了第十一届文华新剧目奖。上海戏剧学院的高级评论员刘平兴奋地说："赣剧是江西文化最地道的代表。赣剧《詹天佑》具有史诗般的壮阔，情节紧凑、事件明朗、逻辑性强，音乐、舞美风格统一。"[①]在新的历史条件下，必须要与时俱进，提升赣剧的艺术水平，使高雅戏剧文化在市场经济中赢得新的生命力。

赣剧的唱腔曲调、板式等也逐步有了新变化，不再是老腔老调，而是融入了时代的音调和现代人的审美，在乐队伴奏中加入了西洋管弦乐器及电声乐器，采用了和声配器，扩大了乐队，拓宽了音域，增强了音乐的色彩与表现力。如2003年江西师范大学打造的新版赣

---

① 参阅《12次掌声见证精彩——各界评价詹天佑》，江西日报2004年03月03日。

剧《牡丹亭》，就充分运用了声、光、电的完美综合，使赣剧的舞台效果得到了极大的丰富。上海越剧院编剧兼策划刘平评价道："古典的厚重与时代的心跳有了完美的结合。""过去，古典戏剧的改编，基本上是改成口语化，或者只是改改戏剧唱腔，但是，新版赣剧《牡丹亭》基本是全盘地创新。"上海戏剧学院研究生秦文宝说。

（三）走向世界，任重而道远

2009 年在法国蒙浮剧场的表演只是赣剧走向世界的第一步，相信以赣剧的文化底蕴及群众基础，只要不断改革创新以完善自己，一定会频繁亮相于国内外，成为名副其实的中国特色剧种。但我们也应该认识到任务是艰巨的，道路是曲折的。

赣剧音乐是江西戏剧音乐文化的经典之一。民间性是赣剧的生命本质，使其具有巨大的传播空间和传播效应，赣剧音乐这一丰厚的艺术瑰宝将永绽光彩！

上饶师范学院　董燕

2021 年 7 月

前言

　　我国义务教育课程实行国家、地方、学校课程三级管理。在保证国家课程正常实施的基础上，鼓励地方因地制宜地开发本地区的地方课程，学校可根据本校特点开发或选用相应的课程。近年来，随着新课程标准和新课改的全面实施，校本教材的开发与编制也越来越受重视。音乐校本教材的开发可以更好地满足教育发展的需要，丰富校园文化，为学生更好地接触地方音乐、学习地方音乐提供平台。在江西这片土地上，无论红色文化，还是传统文化，都有着深厚的历史底蕴，以具江西特色的诗词与江西的赣剧音乐为素材，编成中学音乐校本教材，以音乐教育为载体，既能传承江西特色的红色文化，又能挖掘江西赣剧音乐文化，培养学生热爱家乡优秀传统文化，发扬光荣革命传统的优良品质。

　　本书以习近平总书记关于"传承和弘扬中华优秀传统文化"的思想为指针，挖掘江西优秀传统文化资源，以中学音乐课特色教材的开发为切入点，践行习近平总书记"必须结合新的时代条件传承和弘扬好中华文化"指示的音乐教学与音乐教材研究项目，选取老一辈革命家创作的与江西有关的诗词及描写江西人文自然风光的古诗词，以赣剧经典唱腔为素材，创作成具有赣剧音乐特色与时代风韵的诗词赣剧新曲。

赣剧从明代弋阳腔开始，到清代的乱弹诸腔以及昆腔的吸收，逐步演变为一个具有地方特色的多声腔的剧种，是中国戏曲史上一颗璀璨的明珠，是江西戏剧音乐的代表，具有优厚的历史底蕴。但是有许多中学生并不了解，更不会演唱赣剧。传统的赣剧剧目如《青梅会》《还魂记》《石头记》《珍珠记》《金貂记》等，题材不适合青少年的审美需求，但其唱腔曲牌丰富、旋律优美、地域特色浓郁，故笔者创作了8首新编赣剧音乐，选取了赣剧唱腔中弹腔的西皮、二黄、南词、老拨子、浙调，高腔的弋阳腔、青阳腔为音乐素材，力求8曲8韵，带领青少年读者多维度感受赣剧音乐风格。"旧里求新"是本书的核心追求。

本书的编写过程始终坚持落实习近平总书记"弘扬中华优秀传统文化，要处理好继承和创造性发展的关系，实现中华文化的创造性转化和创新性发展。创造性转化，就是要按照时代特点和要求，对那些至今仍有借鉴价值的内涵和陈旧的表现形式加以改造，赋予其新的时代内涵和现代表达形式，激活其生命力。创新性发展，就是按照时代的新进步、新发展，对中华优秀传统文化的内涵加以补充、拓展和完善，增强其影响力和感召力"的指示，即致力于将传统的赣剧音乐形式，创造性地转化为富有时代内涵的、适应新时期青少年审美需求的现代表达形式的新赣剧音乐。

一

水调歌头·重上井冈山

【学习目标】

1. 激发学习赣剧西皮唱腔的兴趣，学习中华儿女凌云壮志、不畏艰难、敢于登攀的革命精神。

2. 感受用西皮唱腔表达"水调歌头·重上井冈山"诗词的音乐美。

3. 了解赣剧西皮板腔特色，学会演唱曲中的快板部分。

【诗词简介】

1927年10月，毛泽东率秋收起义部队上井冈山，开辟了工农武装割据道路，并沿着这条农村包围城市的道路取得了中国革命的胜利。1965年5月，毛泽东又重上井冈山，感慨良多，诗兴大发，写下这首词，最早发表在《诗刊》1967年1月号。作者采用了现实主义和浪漫主义相结合的方法，以登井冈山为题材，在忆旧颂新中将崇高的理想和伟大的实践精神相结合，将叙事、写景、抒情、议论熔于一炉，慷慨激昂，表达了要继续革命的英雄气概。

【选用素材】

本段唱腔是赣剧弹腔西皮。西皮，是赣剧弹腔中的主要曲调，虽类似京剧的西皮，但比京剧产生更早，曲调更古朴，保持了地方戏的色彩，伴奏由赣胡主奏，定弦63。唱词用七字句或十字句，唱腔基本结构为上下句。

这首《水调歌头·重上井冈山》就是采用赣剧西皮唱腔素材新编创的唱段，曲中的导板是根据《捡芦柴》唱段音调创作的新导板，曲中的西皮快板是根据现代赣剧素材重新创作的。

西皮倒板、正板（二）

（选自《捡芦柴》秋莲唱段）

王爱萍演唱
饶品新 记谱
丁顺宽

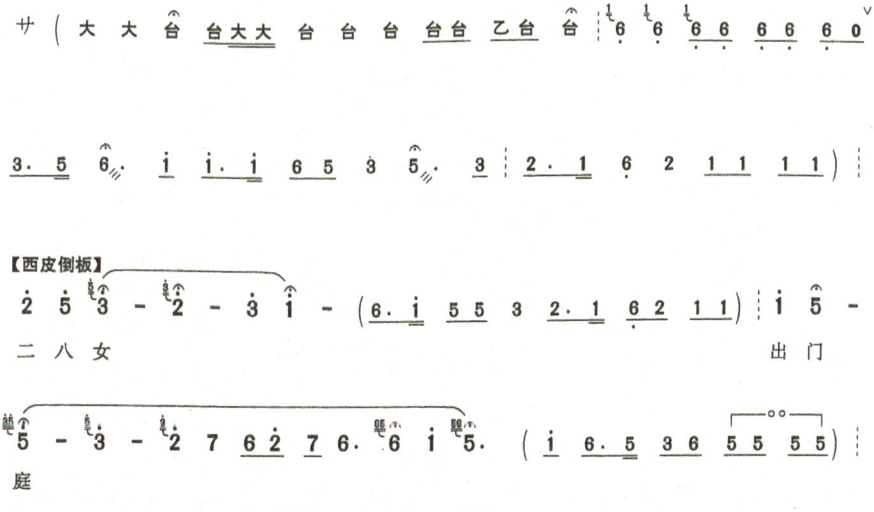

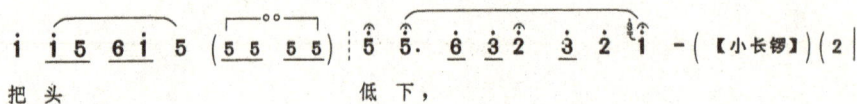

把 头　　　　低 下，

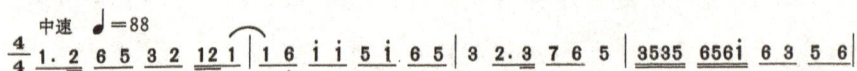

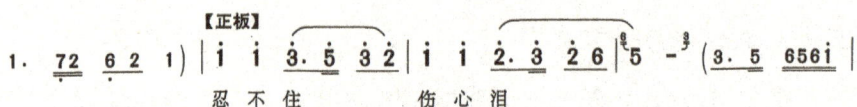

忍不住　　伤心泪

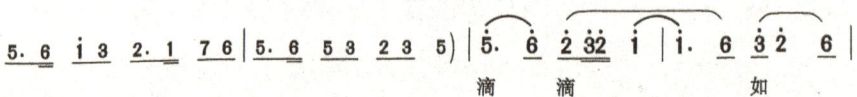

滴 滴　　　如

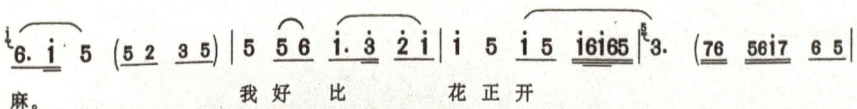

麻。　　　我好比　　花正开

客客　　气气，

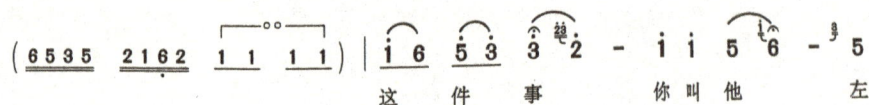

这件事　　你叫他　　左

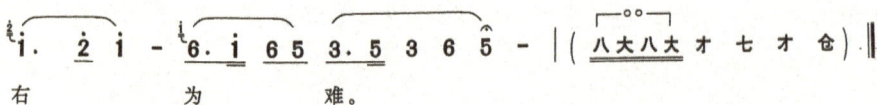

右　为　　难。

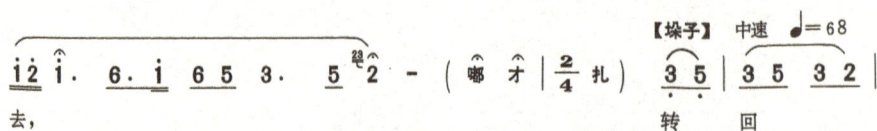

去，　　　　　转 回

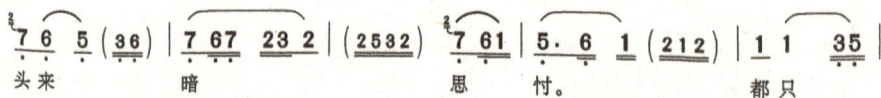

头来　暗　　　思忖。　　　都只

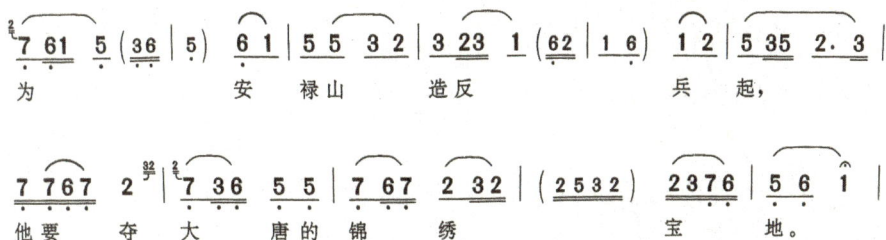

为　　　　　安　禄山　造反　　　兵　起，

他要　夺　大　唐的　锦　绣　　　　宝　地。

【音乐简介】

《水调歌头·重上井冈山》一曲是运用板腔格式的变化结构形式编成的一首赣剧弹腔西皮唱段。

赣剧唱腔的板式，即板腔格式，简言之是以"板""眼"变化为原则组织安排唱腔结构的形式，也是音乐中所惯称的节拍形式，把强拍称为"板"，弱拍称为"眼"。其中四拍子称为一板三眼，二拍子称为一板一眼，一拍子称为一板无眼。在一大段的唱腔中有导板—慢板—快板—二六—流水（包括垛板）—散板，如此多种速度与节奏变化的唱腔格式就称板腔变化体。

开头的西皮导板：

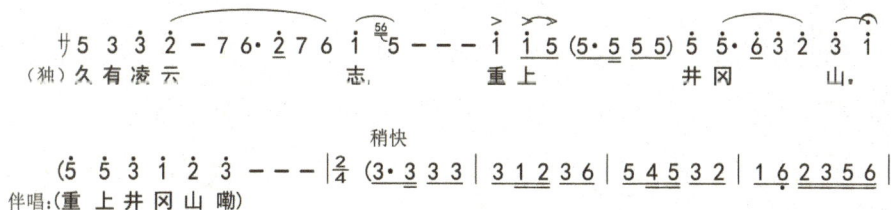

（独）久有凌云　志，　重上　　井冈　山，

伴唱：（重上井冈山 嘞）

这个导板由原始西皮导板发展而成，在原始导板旋律基础上，进行了音高的扩充，突出了八度大跳的进行，使音乐更高亢激昂、

壮观而有气魄，表现壮志凌云、气吞山河的英雄形象，导板的尾部
又融入了井冈山革命歌曲音调：3 3̇i̇ 2̇ 3·

哎 呀 呦

并以合唱音色表现，如此发展的旋律，使音乐开头就凸显了历
史的内涵与时代的风韵。紧接着导板的是垛板：

【垛板】

6 5 | 3·5 3 2 | 7 6 5 | 7 6 7 2 3 2 | (2 5 3 2) 7 6 1 | 5·6 1 0 |

千 里 来 寻 故 地， 旧 貌 变 新 颜。

紧凑的节奏、流畅的旋律表达了革命者故地重游时欢畅喜悦的
情境。接下来又转为徐缓的西皮正板：

Rit　　　　　　【西皮正板】

3 5 3 5 6 5 6 i̇ 6 3 5 6 | 1· 7 2 6 2 1) | i̇ 6 1 5 － | i̇ i̇ 6 5 5 3 |

到 处 莺 歌 燕

2 － (6̣ 1 2) | 3· 2 1 6 (3 6 5 6 1 6) | i̇ i̇ 6· i̇ 5 4 | 3 3 (6̣ 1 2 3) |

舞， 更 有 潺 潺 流 水，

i̇ 3 2· 3 i̇· 7 | 6̣ － － － | i̇ 3 2· 3 i̇ 6̣ | 5̣ － － － |

高 路 入 云 端。 高 路 入 云 端。

这几句都是歌唱性的抒情唱段，4/4 节拍，节奏平稳，旋律流畅
优美，呈现出一派生机勃勃的秀丽风光。接下来是西皮流水：

【西皮流水】

Ɉi̇ i̇ 3 5 6 － 3 2· i̇ 6 i̇ － － － (3 2 i̇ 6 i̇ －) | 6· i̇ 6 5 5 3 2 － 2· |

过 了 黄 洋 界， 险 处 不 啊 不

i̇ 6 6· i̇ 6 5 3 5 3 6 5 － － － |

须 看。

　　这两句旋律散发着潇洒浪漫的气息，揭示了难以抑制的激动心情，音乐顺势而下，进入西皮快板：

　　这是新编的快板，它节奏急促，音调变化在高低起伏中翻滚，四度、五度、六度、八度的大跳音型顺势推进，把唱段推向第一个高潮。

　　音乐高潮过后，"三十八年过去，弹指一挥间"的音乐情绪转为感慨不已、深情的流水板，旋律使用戏曲编曲"用词套曲"的手法，再现前面的西皮流水唱腔。往后又紧接着歌唱"可上九天揽月，可下五洋捉鳖，谈笑凯歌还"用词套曲再现了西皮正板的唱段。这些板式的重复再现运用，能加深旋律的印象，强化音乐形象，在同一大段唱腔中少见，但借鉴了歌剧音乐手段，使全曲音乐在变化中求统一，整体音乐有冲突又有平衡。力求所表达的情感跌宕起伏，意境宽广。

全曲的尾声是快板与散板：

【西皮快板】渐快

6 5 | 1 0) | 5 | 3 | 3 | 1 | 2 | 2 | 7 | 6 | 1 | 5 | 5 | 3 | 3 | 1 | 2 |
（独）世 上 无 难 事，只 要 肯 登 攀。（合）世 上 无 难 事，

2 | 7 | 6 | 1 | 5 | 1 | 5 | 1 | 7 | 6 | (6 6 | 6) |
只 要 肯 登 攀。 世 上 无 难 事，

【西皮流水】

6 5 3 1 | 3 2 3 2 1 7 6 1 2 3 5 — 1 — — — |
（独）只 要 肯 登 攀， （合）肯 登 攀。

　　这一段尾声设计成先由一人独唱，紧接着合唱，产生一人引领、众人和鸣的声响气势，在音响与力度强烈对比效果中，象征着在党的引领下，中国人民以势不可挡的前进步伐奔向美好前程。

水调歌头 重上井冈山

（独唱+伴唱）

毛泽东　词
董燕　曲

1=C 2/4 4/4 1/4

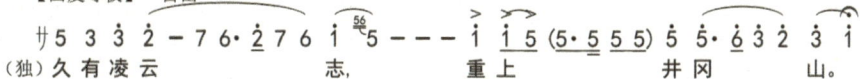

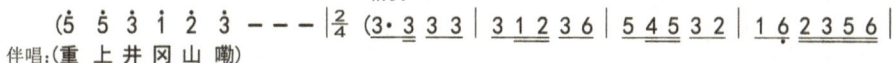

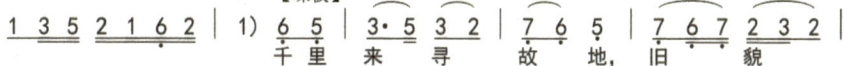

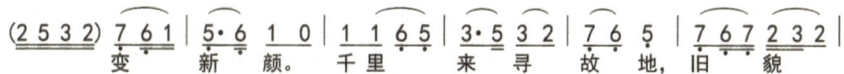

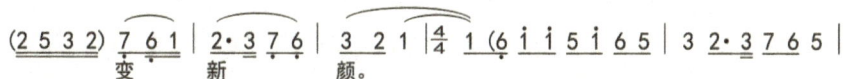

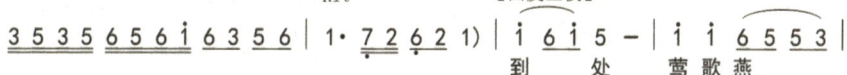

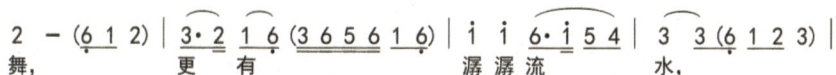

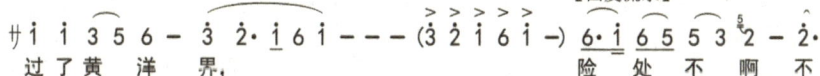

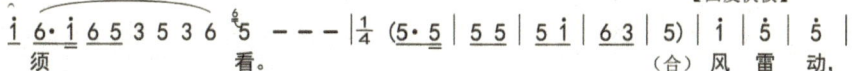

旌旗奋，是人寰。 风雷动，旌旗奋，

是 人 寰。 是 人 寰。

【西皮流水】
(独)三十八 年 过 去， 弹 指 一挥 间。一

稍慢

挥 间。

【西皮正板】
可 上 九天揽

月， 可下 五洋捉 鳖，

谈笑凯 歌 还。 谈笑凯 歌 还。

【西皮快板】渐快
(独)世 上 无 难 事,只 要 肯 登 攀。(合)世 上 无 难 事,

只 要 肯 登 攀。世 上 无 难 事,

【西皮流水】
(独)只要肯登攀, (合)肯 登 攀。

井冈山

二

梅岭三章

【学习目标】

1.激发对赣剧二黄唱腔的兴趣，感受用深沉、浓郁的二黄唱腔表现的革命情怀，学习为中华民族的伟大复兴艰苦创业、勇往直前的品质。

2.通过聆听、模唱、讨论等方法体验和感受歌曲中各板式音乐的情绪对比。

3.了解赣剧音乐中弹腔的二黄板腔特色，学会演唱曲中的十八板至结束部分。

【诗词简介】

《梅岭三章》诗碑现建于大余县梅关乡梅山村黄坑北侧山坡上。陈毅，无产阶级革命家、军事家、外交家，中国人民解放军的创建人和领导人。1934年10月，中央红军在第五次反"围剿"斗争中，因"左"倾冒险主义的错误指挥而导致失败，红军主力不得已被迫作战略转移。陈毅因伤奉命留下，担负起领导江西革命根据地的工农红军进行游击战争的重任。当时，有一个派在敌军内部做兵运工作的陈海叛变投敌，他写信上山谎称中央派人前来联络。要游击区负责人下山前往县城接关系，妄图诱捕我游击区领导人。陈毅接到密信，亲自赶往大余城接头，幸遇我基层群众报告陈海叛变，于是立即离开县城。归途中又遇陈海带领反动军队搜山，只好躲进树丛，避开敌人的搜捕。敌人听说山上有游击队的重要负责人，便调集了四个营的兵力，将梅山团团围了20多天。陈毅以伤病之身伏丛莽间，幸得脱险。《梅岭三章》便是陈毅同志被困梅山，自料难免牺牲的情况下写成的一组带有绝笔性质的诗篇。它的一字一句犹如黑夜灿烂的明星，激励着人们为了壮丽的共产主义奋勇前进。

【选用素材】

二黄，由赣胡为主伴奏，定弦52，唱词七字句或十字句，唱腔基本结构为上下句。有倒板（导板）、正板、连板、哭头、流水（散板）、摇板等较完整的板式，也有男女腔。其旋律多级进，曲调流畅平和。多表现舒缓、平静、稳重的人物情感，适合表现苍凉、孤寂的人物心情。这首歌曲素材选用了赣剧《宝莲灯》《满床笏》等二黄唱段曲调。

二黄正板、连板

（选自《宝莲灯》刘彦昌唱段）

【正板】
```
2  2 3  3 2  3 | 3 3 1 2 | 3 2. 2 - | 2 - 0 5 |
他 原 是（呀）  小沉香 成人   长
```

```
6 - - 5 | 1 2 3 2 | 7. 2 7 6 5 6 2 7 | 6 - - (7 |
大，
```

```
6  7 6  5 7  6 5 | 5 3  2 3  5 | 3 2 1 7 6 1 |
```

```
2  2 3  5 2  3 5 | 2 5  6 5  3 2 | 1 1 3 2 1 7 6 | 5. 6 7 6 5 ) |
```

```
2 2 5 - | 3.  2 5 2  3 | 3 3 3 2 3 3 | 2. 1 1 6 5 6 |
打 发 他 （呃）    到华 山 看   看
```

【连板】
```
6 (6) 3 3  1 | 2. (1 6 1) | 3 3 2 1 1 6 5 | 5 3 5 6 |
亲（呃）娘。  再 写 着   拜 上 来
```

```
2. 3 1 2 5 2 | 3 - 6. 3 2 6 | 6 (7 6 5 6 1) | 2 2 3 - |
多  多    拜（呃）  上，    拜上了
```

```
0 6 3 2 1 2 2 1 6 5 7 6 | 6 (5) 3 1 | 2. (3 2 1 6 1 2) |
王 夫人 细 查 看   端  详。
```

```
3 2 1 1 5 | 5. 3 5 6 | 2 2 1 2 3 2 | 3 2 3 2 6 |
小 沉 香   当做了 亲（呐）生   一（呃）
```

```
1. (6 5 6 1) | 2. 3 3 - | 3 3 1 3 3 | 2 - 5 6 |
样，    且 不 可   把他有（哇）两  样（呀）
```

【音乐简介】

《梅岭三章》是利用板腔格式的变化结构形式编成的一首赣剧弹腔二黄唱段。

原始二黄导板为：

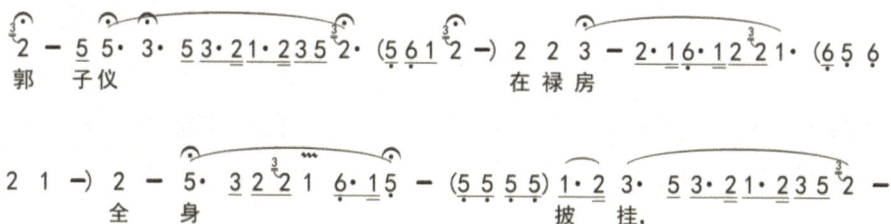

$2 - \underline{5\,5}\cdot 3\cdot \underline{5\,3}\cdot\underline{2\,1}\cdot\underline{2\,3\,5}\,2\cdot (\underline{5\,6\,1}\,2 -)\ 2\ 2\ 3 - \underline{2}\cdot\underline{1\,6}\cdot\underline{1\,2}\,\underline{2\,1}\cdot (\underline{6}\,\underline{5}\,6$
郭　子仪　　　　　　　　在禄房

$2\ 1\ -)\ 2\ -\ \underline{5}\cdot\underline{3\,2}\,\underline{2\,1}\ \underline{6}\cdot\underline{1\,5} - (\underline{5\,5\,5})\,\underline{1}\cdot\underline{2}\,3\cdot\ \underline{5\,3}\cdot\underline{2\,1}\cdot\underline{2\,3\,5}\,2 -$
全　身　　　　　　　　披　挂，

而《梅岭三章》的导板在原始导板的基础上提高了声区，且在第一句的尾部就先现了全曲最高音 $\dot{6}$，以表现诗人身在必死险境，誓与反动统治者血战到底的革命精神，给音乐奠定了一种苍茫悲壮的基调。第二句几乎是原导板旋律的填词，沉重而略带悲伤的曲调回忆着艰难创业的征战过程。

【二黄导板】

$\sharp 3\ \underline{3\,2}\,\underline{1\,2}\,\underline{3}\,2\cdot\underline{6}\,5\ \underline{5}\ 3\cdot (\underline{6\,1}\,\underline{2\,5}\,3 -)\ 2\ \underline{5}\cdot\underline{3\,2}\,\underline{2\,1}\ \underline{6}\cdot\underline{1\,5} - (\underline{5\,5}$
断头　今　日　意如何？　　　创业　艰　难

$\underline{5\,5})\,\underline{1}\ \underline{2}\ \underline{3}\ \underline{5}\cdot\underline{3}\cdot\underline{2\,1}\,\underline{2\,3}\,5\,2 - (\underline{2\,2}\ \underline{3}\cdot\underline{2\,1}\,\underline{2\,5}\ \underline{3}\cdot\underline{2\,3}\,\underline{5\,2}\ 0)\,|$
百　战　多。

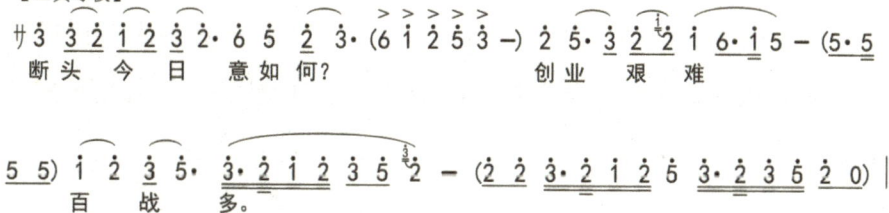

紧接着是连板，连板是正板腔调的紧缩，节奏比较紧凑。这一小段连板表现了诗人至死不渝的革命斗志，即使化作鬼魂也要召集旧部英魂继续战斗，曲调速度稍快，坚定有力，其中的休止蓄积了力量，情绪更为激愤。

【连板】

$\frac{2}{4}$ 3 1 2 3 5 2 | 0 1 6 1 1 2 | 0 3 2 1 6 5 | 0 1 2 3 5 2 3 | 5 6· |
　此去　泉台　招旧　部，　　旌旗　十万　斩阎　罗。　　斩阎

6 5 3·2 1 2 | 3 5 2 | (5 3 6 5 | $\frac{4}{4}$ 3·2 1 3 | 2 2 7 6 5·6 |
罗。

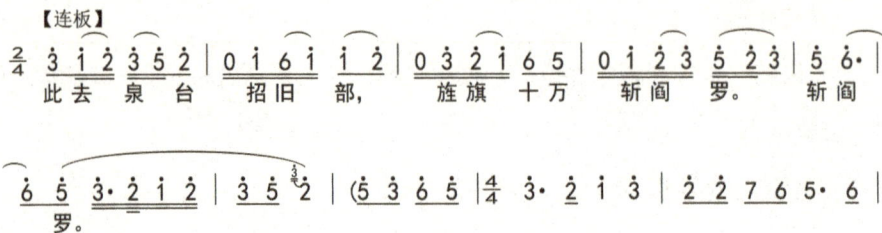

诗词的第二章采用二黄正板写成，舍弃了原正板冗长的拖腔，保留了其核心音调。疏密相间的节奏、悲壮而舒展的旋律抒写了诗人壮志未酬，死难瞑目的情怀，以及对战友满怀激情的鼓励。

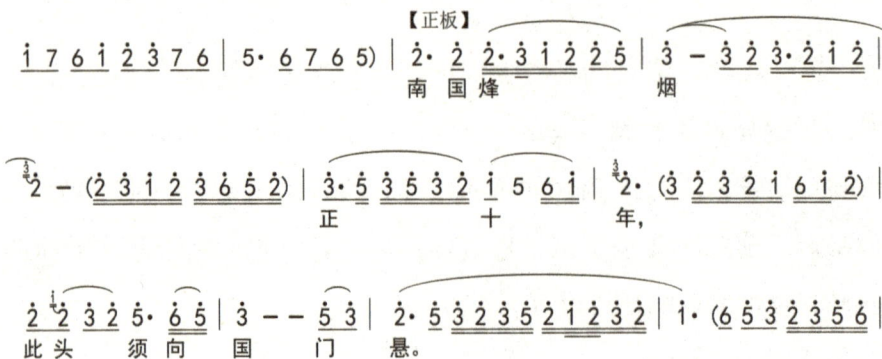

【正板】

1 7 6 1 2 3 7 6 | 5·6 7 6 5) | 2· 2 2 2·3 1 2 2 5 | 3 - 3 2 3·2 1 2 |
　　　　　　　　　　　　　南国烽　　烟

2 - (2 3 1 2 3 6 5 2) | 3·5 3 5 3 2 1 5 6 1 | 2· (3 2 3 2 1 6 1 2) |
　　　　　　　　　　　　正　　十　　年，

2 2 3 2 5·6 5 | 3 - - 5 3 | 2·5 3 2 3 5 2 1 2 3 2 | 1· (6 5 3 2 3 5 6 |
此头　须向　国　门　悬。

诗词的第三章由十八板和流水组成，十八板的旋律来自正板的变奏，有板无眼的节拍表达了诗人面对死亡的坦荡胸怀和共产主义必定胜利的坚定信念。

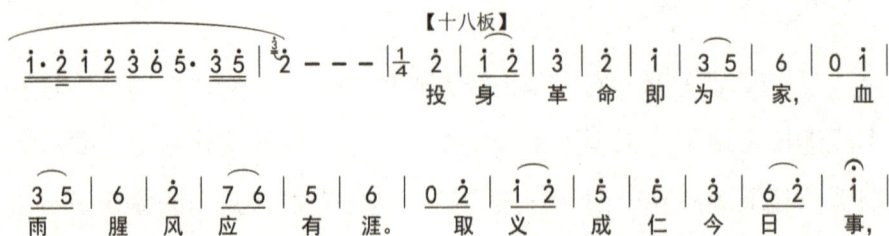

【十八板】

1·2 1 2 3 6 5·3 5 | 2 - - - | $\frac{1}{4}$ 2 | 1 2 | 3 | 2 | 1 | 3 5 | 6 | 0 1 |
　　　　　　　　　　　　　　　投身　革命　即　为　家，　　血

3 5 | 6 | 2 7 6 | 5 | 6 | 0 2 | 1 2 | 5 | 5 | 3 | 6 2 | 1 |
雨　腥风　应　有　涯。　取义　成仁　今　日　事，

最后一句紧打慢唱的流水板"人间遍种自由花"，表达了诗人博大的胸怀，壮烈的气概。

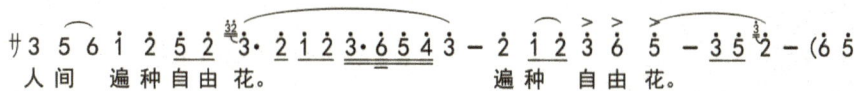

梅岭三章

陈毅 词
董燕 编曲

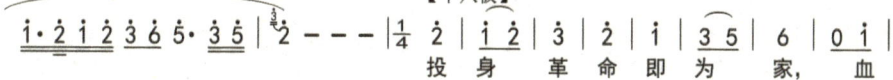

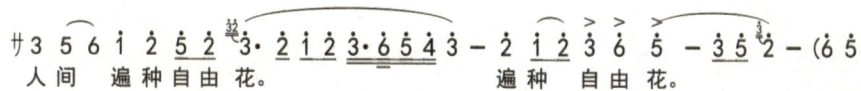

【十八板】

投身 革命即为 家，血

雨 腥风应 有 涯。取义 成仁今日 事，

人间 遍种自由花。 遍种 自由 花。

梅岭三章

三

为江南死国难者志哀

【学习目标】

1. 感受赣剧老拨子唱腔悲愤的情绪，树立民族自尊心和自信心，进一步增强爱国主义情感。

2. 通过聆听、表演、合唱等方法，能用悲愤和沉痛的声腔表现歌曲。

3. 了解赣剧音乐中弹腔的老拨子唱腔特色，学会演唱曲中的合唱部分。

【诗词简介】

这首诗作于一九四一年一月十七日，曾载一九四一年一月十八日重庆《新华日报》。一九四一年一月四日，蒋介石策划并发动了震惊中外的"皖南事变"。新四军军长叶挺被俘，新四军大部分壮烈牺牲，这是千古的奇冤。

当时，周恩来同志正在特务横行、恐怖气氛笼罩的国民党反动统治中心重庆。为了揭穿蒋介石的背信弃义和"皖南事变"的真相实质，声讨控诉国民党反动派卖国投降、屠杀我新四军数千人的罪行，周恩来同志以无比悲愤的心情写下了"为江南死国难者志哀"的题词和《千古奇冤》一诗。没有共产党就没有新中国，就没有人民今天的幸福生活。为了民族的独立和解放，多少革命者抛头颅洒热血，前赴后继。无论面对怎样的磨难，他们初心不改，信仰坚定，矢志不渝，为民请命，为国献身。勿忘历史，吾辈当自强！

【选用素材】

老拨子和徽剧、京剧中的高拨子相似，婺剧称它为十排调（石牌调），出处安徽。拨子中有倒板、十八板、正板、快板、流水等成套的板式。拨子唱腔以唢呐伴奏为主，腔调高昂悲愤。这首《为江南死国难者志哀》选用了赣剧弹腔《香山挂袍》妙善女的唱段为创作素材。

老拨子

（选自《香山挂袍》妙善女唱段）

[正板]

【音乐简介】

这首诗仅短短的 16 个字，歌曲旋律运用了赣剧弹腔的老拨子唱腔素材，同时在形式上予以创新，采用了引子、念白、独唱、合唱等多种表现形式，追求古韵新风的创新效果，表达了对国民党反动派卖国投降的愤怒，并向在"皖南事变"中牺牲的革命烈士沉痛志哀！

乐曲开头采用老拨子倒板音调素材为引子，以震撼的合唱"啊"开场，同时配以深沉的念白："1941 年 1 月 18 日，周恩来为揭露国民党顽固派制造皖南事变，在《新华日报》上发表题词：'为江南死国难者致哀'，千古奇冤，奇冤哪！"

（5 1̲ 2̲ 3̲）| 5̇ - - - | 5̇ 5̲3̲3̲ - | 2̇ - - 3̲2̲3̲ | 1̇ - - - | (1̇ 1̇ 1̲ 3̲ 2̇)
（合唱）啊　　　　啊　啊　啊

（白）1941年1月18日，周恩来为揭露国民党顽固派制造皖南事变，

2̇ - 2̲3̲2̲1̲ | 6 - - | 1̲ 3̲ 2· 3̲ | 5 - - 6 | 2̲3̲2̲1̲7̲6̲ | 5 - - - | 5̲ 1̲ 6̲ 5̲3̲

在《新华日报》上发表题词："为江南死国难者致哀"，千古奇冤，奇冤哪！

2 - - 3 | **3/4** 5̲ 6̲ 5̲ 3̲ 5̲ 6̲ | 5̲ 6̲ 5̲ 3̲ 2̲ 3̲ |

接着开始了深情的独唱，自由的散板、高亢而悲愤的呐喊声抒
发悲愤交加之情。

5̲ 5̲3̲3̲ 3̲ 3̲ 2 - - 0̲3̲2̲3̲2̲ 1 - - - 1̇ 1̲ 3̲ 2̲1̲ 6 - - 1̲ 3̲ 2· 3̲5· 3̲2̲1̲7̲6̲ 5 -
千古 奇 冤　哪，　　　　江南　　　　　　　　　　　　　　一　　叶。

随着一个间奏，音乐进入了正板，"同室操戈"同一句歌词，但
是以紧凑的三拍子面貌再变化重复两遍，渲染紧迫而焦虑的气氛。

1̇ 5 6 5̲3̲ | 2 - - 3 | **3/4** 5̲ 6̲ 5̲ 3̲ 2̲ | 5̲ 6̲ 5̲ 3̲ 2̲ |
同室操　戈，　　　同室操　戈，同室操　戈，

紧接着音乐进入紧打慢唱的流水板，三次"何急"逼问，有序下行。

2 2 - 0̲5̲ 3̲ - - 2̲3̲2̲1̲ - 0̲3̲2̲1̲ 6 - - 3 1̇ 6̲5̲3̲ - 1̇ 5 - -|
相煎　何急？　　　何　急？　相煎何　　急？

全诗完整陈述一遍之后，强有力的合唱以规整的节拍将全曲变
化重复一遍，情感浓烈而悲愤。进行到最后一句时，合唱突然收住，
以一人独唱"相煎何"，然后全体合唱"急"结束。

1̇ 1̇ 6̲ 5̲4̲ | 3 - - 6 | 5̲ 1̇ 2̲ 3̇ | 1̇ - - - ‖
相煎何　急？　（独）相煎何（合）急？

为江南死国难者志哀

1= C 4/4 3/4

周恩来　词

董燕　曲

凄惨 悲痛地

(5 1̣ 2̣ 3̣) | 5̣ - - - | 5 5̇3̇3̇ - | 2 - - 3̇2̇3̇ | 1̣ - - - | (1̣ 1̣ 3̣ 2̣ |

　(合唱) 啊　　　　　啊　啊　啊

（白）1941年1月18日，周恩来为揭露国民党顽固派制造皖南事变，

2̣ - 2̣3̣2̣1̣ | 6̣ - - - | 1̣ 3̣ 2̣·3̣ | 5 - - 6 | 2̇3̇2̇1̇7̇6̇ | 5 - - - | 5 1̣ 6̣ 5̣3̣ |

在《新华日报》上发表题词："为江南死国难者致哀"，千古奇冤，奇冤哪！

2 - - 3 | 3/4 5 6 5 3 5 6 | 5 6 5 3 2 3 |

卄 2·3̇5̇ - - 4̇3̇2̇1̇7̇6̇5̇4̇3̇2̇·5̇ 5̇3̇3̇ 3̇ 2̇ - - 0̇3̇2̇3̇2̇ | 1 - - 1̣ 1̣ 3̣ 2̣1̣ |

　　　　(独唱) 千古 奇 冤 哪，　　　　　　江南

6̣ - - 1̣ 3̣ 2̣·3̣ 5̣· 3̇2̇1̇7̇6̇ 5̇ - (1̣·3̣2̇1̇ 4/4 6 5 3 3 6 5 6 | 4 3 2·3 5 6 1̣ 3 |

　　　　　一　　　　　　叶。

2 3 5 1̣ 6̣ 5 3 2 | 1̣ 2 7̇ 6̇ 5̇ 6̇ 1̣) | 1̣ 5 6 5̇3̇ 2 - - 3 3/4 5 6 5 3 2 | 5 6 5 3 2 |

　　同室 操　　戈，　　　同室 操 戈，同室 操 戈，

卄 2̇ 2̇ - 0 5̣ 3̇ - - 2̇3̇2̇1̇ - 0 3̇2̇1̇ 6 - - 3 1̣ 6 5 3 - 1̣ 5 - - |

相煎　何 急？　　　何　急？　相煎何　　急？

4/4 5 - - - | 5 5̇3̇3̇ - | 2 - - 3̇2̇3̇ | 1 - - | 1̣ 1̣ 3̣ 2̣ | 2 - 2̣3̣ 2̣1̣ |

(合唱) 啊，　千古 奇　冤，　　江南 一叶　　啊。

6̣ - - | 1̣ 3̣ 2̣·3̣ | 5 - - 6 | 2̇3̇2̇1̇7̇6̇ | 5 - - - | 5 1̣ 6̣ 5̣3̣ |

江南 一　叶　一　　叶。　　同室 操

2 - - 3 | 3/4 5 6 5 3 5 | 5 6 5 3 2 | 4/4 2 2 5 4 | 3 - - 2̇3̇2̇ |

戈，　　同室操 戈，同室 操 戈，相煎何　急？　啊

5 - 5̇4̇3̇1̇ | 2 - - - | 1̣ 1̣ 6 5 4 | 3 - - 6 | 5 1̣ 2̣ 3̣ | 1̣ - - - ‖

何　急？　相煎何　急？　(独) 相煎何 (合) 急？

富貴不能淫
威武不能屈
正氣壓邪氣
不變應萬變
坐牢三個月
勝讀十年書

上饶集中营李村叶挺囚室

四

咏 竹

【学习目标】

1.通过多种途径了解赣剧弋阳腔，激发学生聆听和表现弋阳腔唱段的兴趣。

2.听辨歌曲《咏竹》的节拍、结构、旋律和节奏特点。

3.了解赣剧弋阳腔演唱特色，积极尝试练习演唱这首歌。

【诗词简介】

1935年1月19日，方志敏率领部队突围到浙皖赣三省交界地区的南华山脚下，打算攀越南华山突围，当时风雪载途，竹枝树梢都被压得格格作响，方志敏即景吟成了这首《咏竹》，以此鼓励同志们。结合当时中国正值内忧外患、革命形势一片黯淡的历史背景，方志敏以隆冬里傲骨的竹勉励自己和他人，应像竹一样勇敢地面对革命征途上的各种困难。纵使一时"低下欲沾泥"，仍身临屈处有骨节，只要"一轮红日起"，他日"依旧与天齐"。借挺直高耸的翠竹抒发了革命者不屈的英勇斗志与报国爱民的信念。

【选用素材】

　　赣剧弋阳腔，产生于广信府弋阳县，至清道光年间一直在赣东北地区盛行，俗名高腔。20世纪50年代初，正式定名为赣剧弋阳腔。弋阳腔对研究我国古老声腔具有重要价值，已被列为国家非物质文化遗产。弋阳腔现存唱腔曲牌220余支，按照曲牌的特性音调、调式特征等的同异，并兼顾行当演唱及帮腔的特点，所有曲牌大致可分为【驻云飞】【江儿水】【红衲袄】【新水令】【汉腔】五大类，其中以【驻云飞】曲牌最具代表性，本歌曲即选【驻云飞】曲牌为音乐素材进行创作的。

驻云飞类

步 出 兰 帏

《卖水记·法场生祭》黄月英［正旦］唱

夏义昌传腔
熊中彬演唱
秉　舟记谱
魏永富记谱

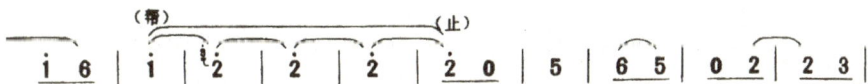

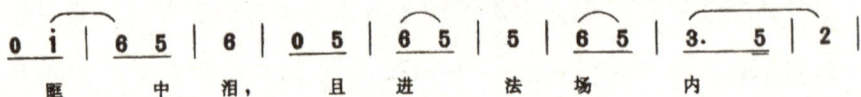

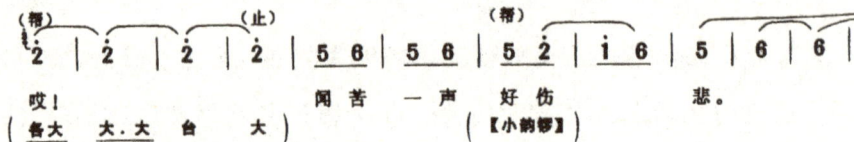

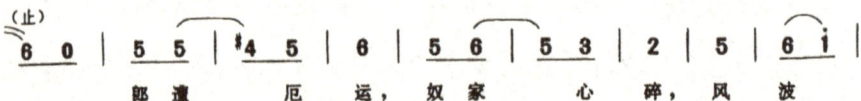

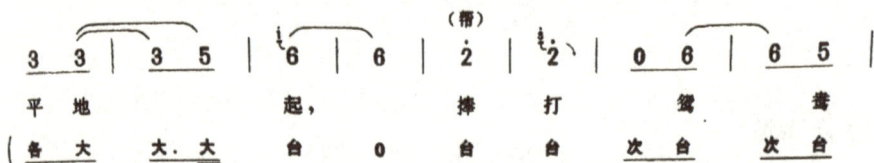

【音乐简介】

《咏竹》是一首用弋阳腔中【驻云飞】曲牌的音调为素材创作的颂扬无产阶级革命者气宇轩昂的英雄精神的赣剧戏歌。

此曲的歌词是革命先烈方志敏同志所作的《咏竹》诗，全诗只有四句共 20 个字，而谱曲时追求能够充分发挥音乐的渲染与烘托作用，设计成加引子的两段体结构形式的歌曲。

"引子"部分一开头就展示出【驻云飞】音乐主题，旋律激昂高亢，直抒英俊挺拔的英雄胸怀。

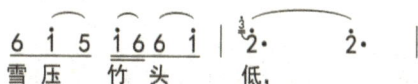

$$\overline{6\ \dot{1}\ 5}\ \overline{\dot{1}6\,6}\ \dot{1}\ |\ \overset{\frown}{\dot{2}\cdot}\quad\ \overset{\frown}{\dot{2}\cdot}\ |$$
雪　压　竹头　低，

紧接着转为八度内小跳下行的华彩短句，写意式表现大雪压迫下"竹头低"的恶劣环境，音乐低沉压抑。

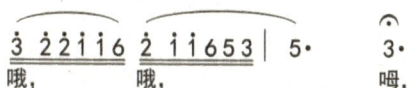

$$\underline{3\ \overline{2\,2}\,\dot{1}\,\dot{1}\,6}\ \overline{2\ \dot{1}\,\dot{1}\,6\,5\,3}\ |\ \overset{\frown}{5\cdot}\quad\ \overset{\frown}{3\cdot}\ |$$
哦，　　哦，　　　　咴，

乐曲前半段：

$$2\quad \overline{{}^{\#}\dot{1}\ 2}\ 3\cdot\ |\ \overline{5\ 6}\ \overline{5\ 3}\ 2\cdot\ |$$
雪　　压　　竹头　低，

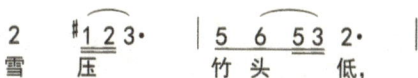

旋律压抑深沉而呈悲剧色彩，它是由曲牌中 $\underline{5\ 5}\ |\ {}^{\#}\underline{4\ 5}\ |\ 6\ |\ \underline{5\ 6}\ |\ \underline{5\ 3}\ |\ 2\ |$ 的音调素材，将前半句降低四度并变为沉重的节奏呈现而成的。这段音乐表现了革命事业在黑暗的旧社会反动势力压迫与打击下所处的逆境，抒发了革命者的难言苦痛及步履艰难。

乐曲后半段：

$$\underline{5\ \overline{6\,5\,6\,5}\,\dot{2}}\ \underline{\dot{1}\ \overline{6\,5\,6\,5}\,\dot{2}}\ |\ \overline{\dot{1}\ \dot{1}}\ 6\ \overline{6\,5\,3\,5\,2}\ |\ \overset{\frown}{\dot{2}\cdot}\quad\ \overset{\frown}{\dot{2}\cdot}\ |\ 3\cdot\quad \overline{\dot{2}\quad \dot{1}}\ |$$
啊，　　啊，　　一朝　红日起　哎，　　红　日

音乐顿时转为阳光灿烂，"一朝红日起"，挺拔昂扬的音乐主题再起，使歌曲出现第一个高潮，其旋律在保持弋阳腔特点的同时，用了变奏扩张手法，通过八度大跳与活泼的节奏表现"红日起"的辉煌气象。最后又通过"与天齐"的五次重复，层层升高的模进旋律，歌曲第二个高潮自然而成，塑造了无产阶级革命者叱咤风云、顶天立地的光辉形象。

咏竹

方志敏 词
董燕 曲

1= C 6/8

中速

雪压竹头低，哦，哦，唉，

雪压竹头低，低下欲沾泥。

雪压竹头低，低下欲沾泥。

雪压竹头低，低下欲沾泥。

雪压竹头低，低下欲沾泥。

啊，啊，一朝红日起哎，红日

起，依旧与天齐与天齐与天齐与天齐

与天齐。啊，啊，一朝红日起

哎，红日起，依旧

与天齐与天齐与天齐与天齐与天齐。

与天齐。

方志敏

五

望庐山瀑布

【学习目标】

1. 激发对赣剧弋阳腔及其相关戏曲文化的兴趣。

2. 通过聆听、学唱、探究、交流等方法学习这首《望庐山瀑布》，体验弋阳腔"一唱众和、善用滚唱"的艺术特点。

3. 了解赣剧弋阳腔的韵味，并融合当今音乐风格有表现力地演唱这首歌。

【诗词简介】

庐山，位于江西省九江市北部的鄱阳湖盆地，历来都是文人墨客的最爱之一。但自从李白的这首《望庐山瀑布》之后，所有其他吟咏庐山的诗都黯然失色了。李白的这首《望庐山瀑布》围绕着"望"而展开，全诗的精巧构思独具匠心。"日照香炉生紫烟"，李白西登香炉峰，一个"生"字让整个香炉峰鲜活跃动起来，而"紫烟"更是有一种超然世外的意境。笔锋一转，非常接地气的"遥看瀑布挂前川"无缝地承接上句，"挂"字突显了瀑布的高度，同时与下一句中的"飞""直"相互呼应。"飞流直下三千尺，疑是银河落九天"大写意、大泼墨的写法展开了天马行空的想象，李白用夸张的比喻把景物升腾到更高的境界，达到写瀑布的极致，但又清新自然，浅显生动，具有动荡开阔的气势。苏东坡十分赞赏这首诗，说"帝遣银河一脉垂，古来唯有谪仙词"，李白不仅抓住了瀑布的神髓，还对之进行了无与伦比的渲染和发挥，《望庐山瀑布》的确是状物写景和抒情的极佳范例。

【选用素材】

赣剧弋阳腔是明代弋阳腔留在赣东北地区的嫡派后裔，其唱腔特点与她的形成历史是密不可分的。数百年来，一直保持"其节以鼓，其调喧"的原始风貌，自南宋以来至清顺治六年，战乱与灾荒导致弋阳县人口锐减五分之四，社会的动荡不安与生命受到威胁时的挣扎和呐喊将其锻造成了"高腔"，大锣大鼓的伴奏与其高亢激越的唱腔曲调紧密地结合在一起，形成一种喧闹、粗犷的音乐风格。弋阳腔还有"一人唱而众人和之"的特点，也就是帮腔。这种"一个启口，数人接腔"的形式，不仅能渲染舞台气氛，还可以起到加强词意表达、帮助刻画人物、描绘剧中环境、铺陈戏剧情节等作用，因而成为弋阳腔中的一个重要艺术表现手段，具有很强的艺术感染力。

这首《望庐山瀑布》选用了赣剧弋阳腔《合珍珠·施财》高文举唱段《告员外听诉因》的音调素材，【红衲袄】曲牌。

红衲袄类

告员外听诉因

《合珍珠·施财》高文举［小生］唱

郑瑞笙传腔
熊 华澳唱
乘 舟记谱
魏永富

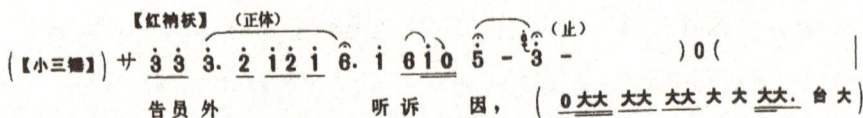

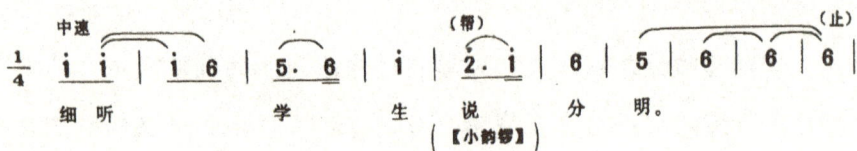

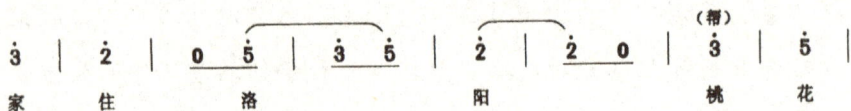

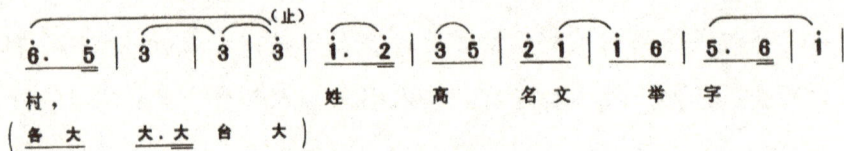

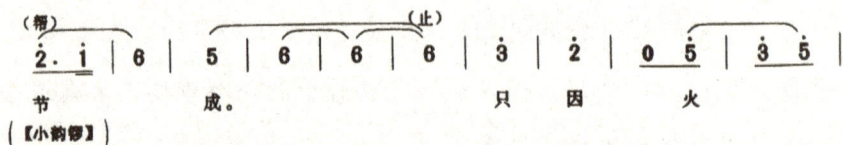

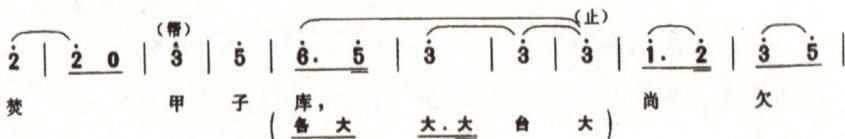

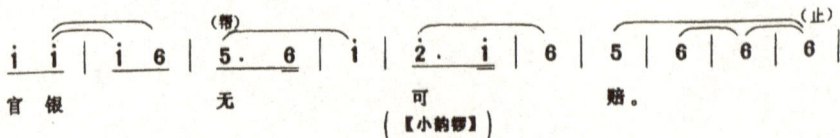

【小三锣】　【红衲袄】（正体）　　　　　　　　　　　　　　　（止）

₩ 3 3 3. 2 1 2 1 6. 1 6 1 0 5 - 3 -) 0 (

告员外　　听诉　因，（0大大　大大　大大　大大大大. 台大）

中速　　　　　　　　　　　　（帮）　　　　　　　　　　（止）

1/4 i i i i 6 | 5. 6 i | 2. i | 6 5 | 6 6 | 6

细听　　学生　说　分　明。

【小铙锣】

　　　　　　　　　　　　　　　　　　　　　（帮）

3 2 0 5 | 3 | 2 2 0 | 3 5

家住洛　阳　　桃花

　　　　　　　（止）

6. 5 3 | 3 | 1. 2 | 2 1 | 6 5. 6 | i

村，　　姓高名文举字

（各大　大.大台大）

（帮）　　　　　　　　　　（止）

2. i | 6 5 | 6 | 6 6 | 3 2 0 5 | 3 5

节　成。　　　　只因火

【小铙锣】

　　　　　　　　（帮）　　　　　　　　（止）

2 2 0 | 3 5 | 6 5 3 | 3 | 1. 2 | 3 5

焚　甲子库，　　　　　　尚欠

（各大　大.大台大）

　　（帮）　　　　　　　　　（止）

i i i i 6 | 5. 6 | i | 2. i | 6 5 | 6 6 | 6

官银　无　可　赔。

【小铙锣】

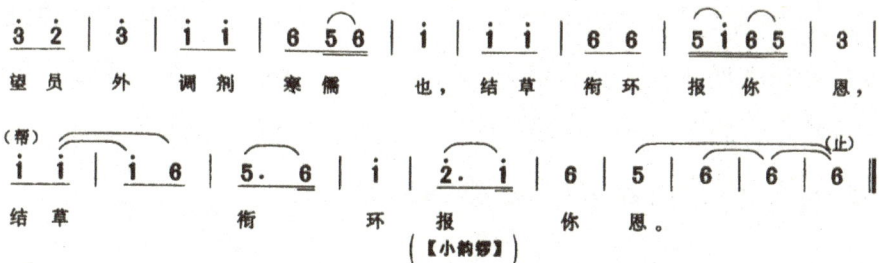

【音乐简介】

这首《望庐山瀑布》选用了赣剧弋阳腔【红衲袄】曲牌素材。乐曲以一段自由活泼的"啊"开场，表现了诗人在雾气缭绕的群山之间，西登香炉峰时愉快而浪漫的心情。

引子的第一句：

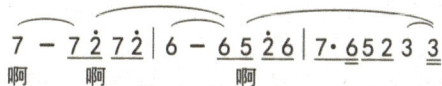

这句旋律是根据【红衲袄】中的音调 3｜2 05｜35｜2 20｜，利用舒展的节奏，将音调降低四度写成的。

中段的：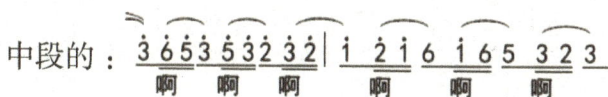

是以唱腔中 3｜5｜6·5｜3 3｜的音调为素材，模仿流水节奏：0×× ××× ｜× 从 6 到 2 十二度下行似瀑布直泻，6·5｜3｜音乐动机的连续下行模进，构成了从高至低滚动音型的旋律，创设诗词中的"瀑布"意境。最后一句回归【红衲袄】曲牌核心音调。

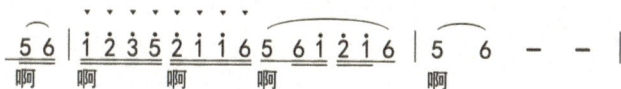

主体部分第一次呈示全诗时，几乎完整沿用了原曲牌的旋律编成的音乐主题乐段，且继续发挥弋阳腔"一唱众和、善用滚唱"的艺术特点，曲调高昂，意境辽阔，"一个启口，数人接腔"的演唱形式更是表现了庐山瀑布之飞流直泻的雄伟绮丽。

```
                    (帮)      (止)                           (帮)
廿 3 3 3· 2 1 2 1 6· 1 6 1 0 5 — 3 — |¼ 1 1 | 1 6 | 5·6 | 1 | 2·1 6 | 5 |
   日 照 香 炉    生 紫  烟,         遥看  瀑 布 挂 前 川。

        (止)                  (帮)                    (止)
6 | 6 | 6 | 3 | 2 0 5 | 3 5 | 2 | 2 0 | 3 | 5 | 6·5 | 3 3 | 3 | 1·2 | 3 5 | 2 1 |
   飞 流 直 下    三 千 尺,        疑 是 银 河

        (帮)                  (止)
1 6 | 5·6 | 1 | 2·1 6 | 5 | 6 | 6 | 6 |
落 九  天。
```

一次陈述不够尽兴，于是完全重复前两句，后两句进行了适当变化与反复。

```
                    (帮)      (止)                           (帮)
廿 3 3 3· 2 1 2 1 6· 1 6 1 0 5 — 3 — |¼ 1 1 | 1 6 | 5·6 | 1 | 2·1 6 | 5 |
   日 照 香 炉    生 紫  烟,         遥看  瀑 布 挂 前 川。

        (止)                                        (帮)
6 | 6 | 6 | 3 2 | 3 | 1 | 6 5 6 | 1 | 1 1 | 6 6 | 5 1 6 5 | 3 | 1 1 | 1 6 | 5·6 | 1 |
   飞 流 直 下 三 千  尺, 疑 是 银 河 落 九  天。 疑 是 银 河 落

        (止)
2·1 | 6 | 5 | 6 | 6 | 6 |
九    天。
```

　　两次陈述依然意犹未尽，加了一个小尾巴，再次反复后两句且以"啊"与开头引子部分相互呼应并推向高潮，结束句紧扣【红衲袄】音调。

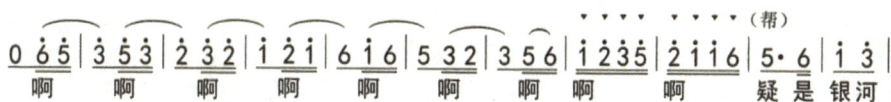

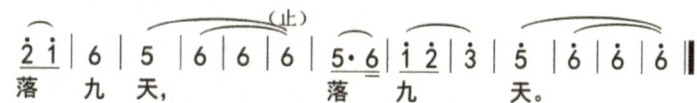

$$\underline{3\ \underline{2}}\ \underline{3}\ \dot{1}\ |\ \underline{6\ \underline{56}}\ \dot{1}\ |\ \dot{1}\ \dot{1}\ \underline{6\ 6}\ |\ \underline{5\ 1\ 6\ 5}\ |\ 3\ |\ \underline{3\ 6\ 7\ \dot{2}}\ |\ 3\ |\ 3\ |\ 3\ |$$

飞流 直 下　三千　尺，疑是 银河 落 九　天。　啊

$$\underline{0\ \underline{65}}\ |\ \underline{3\ 5\ 3}\ |\ \underline{2\ 3\ 2}\ |\ \underline{1\ 2\ 1}\ |\ \underline{6\ 1\ 6}\ |\ \underline{5\ 3\ 2}\ |\ \underline{3\ 5\ 6}\ |\ \underline{1\ 2\ 3\ 5}\ |\ \underline{2\ 1\ 1\ 6}\ |\ \underline{5\cdot 6}\ \underline{1\ 3}\ |$$

啊　啊　啊　啊　啊　啊　啊 啊　啊　　疑是 银河

$$\underline{\dot{2}\ 1}\ |\ 6\ |\ 5\ |\ 6\ |\ 6\ |\ 6\ |\ \underline{5\cdot 6}\ \underline{1\ 2}\ |\ 3\ |\ 5\ |\ 6\ |\ 6\ |\ 6\ |$$

落　九　天，　　落　九　　天。

望庐山瀑布

李白　诗
董燕　编曲

1= C 1/4 4/4

【红衲袄】

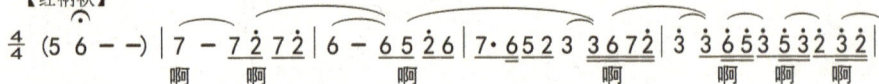
啊　　啊　　　啊　　　　　啊　　　啊　　啊

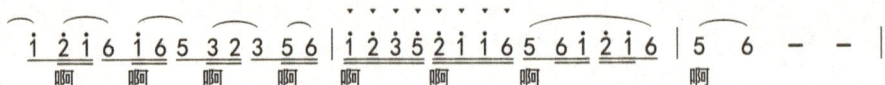
啊　啊　啊　啊　啊　啊　啊　　　　啊

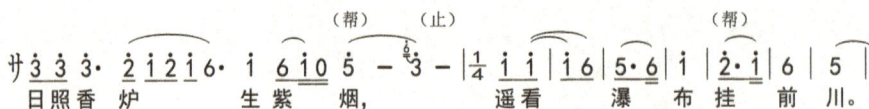
（帮）　　　（止）　　　　　　　（帮）
日照香炉　生紫烟，　　遥看　瀑布挂　前川。

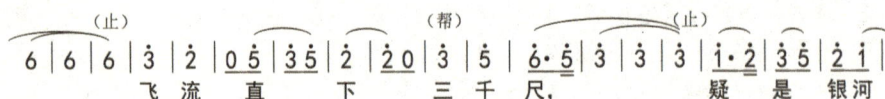
（止）　　　　　　（帮）　　　　　（止）
飞流直下　三千尺，　　疑是　银河

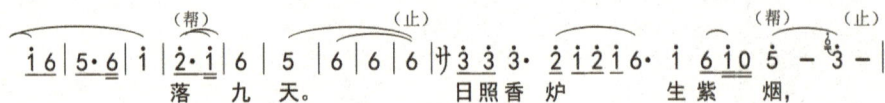
（帮）　　　（止）　　　　　（帮）　　（止）
落九天。　　日照香炉　生紫烟，

（帮）　　　　　（止）
遥看　瀑布挂前川。　　飞流直下三千尺，疑是

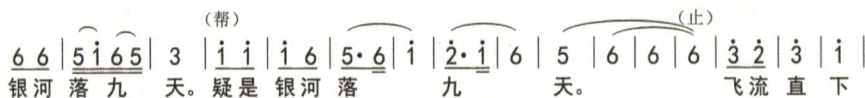
（帮）　　　　　　　（止）
银河落九天。疑是银河落　九　天。　　飞流直下

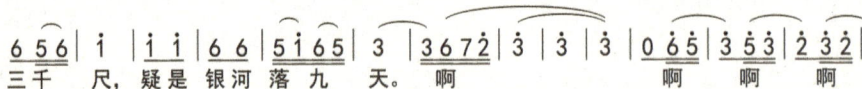
三千尺，疑是银河落九天。　啊　　啊　啊　啊

（帮）　　　　　　　　　　（止）
啊　啊　啊　啊　啊　啊　　疑是银河落九天，

落　九　天。

庐山瀑布

六

滕王阁诗

【学习目标】

1.感知、体会赣剧青阳腔的独特魅力、艺术特色，激发学生对赣剧青阳腔及其相关文化的兴趣。

2.通过聆听、学唱、对比等方法学习这首《滕王阁诗》，把握歌曲速度及情绪变化。

3.简要了解赣剧青阳腔的历史渊源，积极尝试有韵味地演唱这首歌。

【诗词简介】

滕王阁，在今江西南昌赣江边新建西章江门上，俯视远望，视野均极开阔。"落霞与孤鹜齐飞，秋水共长天一色"出自唐朝王勃所作《滕王阁序》，序末附这首《滕王阁诗》，凝练而含蓄的诗篇，概括了序的内容。

诗的第一句笔法质朴，开门见山，直接点题，"临"字点出了滕王阁的居高之形势。第二句由今及古，遥想当年兴建此阁的滕王，但那种豪华的场面，如今已一去不复返，真是盛衰无常，令人怅惘。三四两句紧承第二句，升华情绪。阁内的画栋珠帘无人游赏，只有南浦的云，西山的雨，暮暮朝朝，与它为伴。这两句不但写出滕王阁的寂寞，而且画栋飞上了南浦的云，写出了滕王阁的气势，珠帘卷入了西山的雨，写出了滕王阁的临远，情景交融，寄慨遥深。"闲云潭影日悠悠"一句，笔触则由空间转入时间，"悠悠"二字点出了时日的漫长，从而生发物换星移的感慨，进而提出建阁的人而今安在的疑问。"槛外长江空自流"一句以景作结，似答非答，更进一步抒发了人间盛衰无常而宇宙永恒的感叹。全诗笔意纵横，穷形尽相，语言凝练，气度高远，境界宏大。

【选用素材】

青阳腔，原本是嘉靖年间（1522—1566 年）江西弋阳腔流传到安徽池州府青阳一带，和当地语言、民间音乐结合演变而成的声腔流派。它丰富了弋阳腔的滚唱，发展成为滚调。广泛流传于江苏、浙江、江西、福建、广东、四川、湖北、山西、河南、山东等地，成为"天下时尚"的"青阳时调"，类似于现下的"流行音乐"。约在明朝万历（1573—1619 年）前后，由皖南的"青阳时调"又传回江西北部。后在湖口，都昌等县扎根，后将其吸收到赣剧中来，1962 年正式定名为赣剧青阳腔。青阳高腔虽然演唱形式沿弋阳高腔"不托管弦、锣鼓助节、一人启齿、众人帮和"的路子，但在声腔的结构和表现方法上，旋律起伏显著，板头变化较多，因而比弋阳高腔的"粗犷、豪放"来得委婉、柔和些。

这首《滕王阁诗》选用了青阳腔【江头金桂】类曲牌【小桃红】《我只得秋江一望》唱段曲调。

我只得秋江一望

《玉簪记·秋江别》陈妙常 [贴] 唱

曹耀春演唱
乘　舟记谱

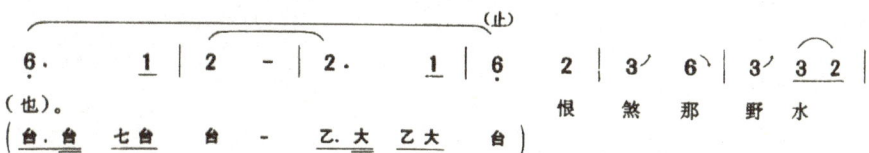

【音乐简介】

青阳腔以跳进特别是大跳为主的旋律非常普遍，像 8 度以上甚至 13 度、14 度的旋律大跳随处可见，音调高亢是青阳腔曲调最为鲜明的特点。在这首《滕王阁诗》中多次强调了 $\underline{2\ 6}\ 6\ \underline{5}\ 3$ 这一 8 度大跳，以突显其特性音调。

全曲呈 AB 二段体结构，A 段的前两句吸收了原曲牌的特性音调，节拍与节奏更为规整、凝练。

紧接着三四句在前两句主题基础上进行了变化发展，同时还保留了青阳腔的另一特点，即先现音的进行。

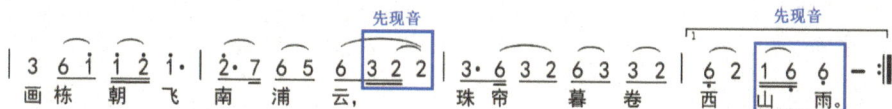

整个 A 段曲调节奏平稳，音调古朴，描绘了滕王阁的壮丽、豪华之古韵。旋律中前三句的一波三折之后是情绪对比的结束句，下行音调略带几分悲怆的心酸味，抒发诗人对自己"命途"和"时运"

的感叹。为强化主题旋律，前四句反复一次，第四句尾巴稍做变化。

继而慢起渐快进入 B 段，B 段则更为完整地保留了原曲牌音调。

慢起渐快

$\frac{2}{4}$ 2 2 3 3 |

闲 云 潭 影

2 6 6 6 5 3 | 0 6 i 3 5 | 6·i 5 6 5 | 0 6 i 5 6 | i·2 i 2 i |

日 悠 悠， 物 换 星 移 几 度 秋。 阁 中 帝 子 今 何 在？

0 i 6 5 | 6·i | 2 — | 2 i 6 | 6 — | 6 2 2 3 5 | 5 — | 5 6 i 2 |

槛 外 长 江 空 自 流。 槛 外 长 江 空 自

i — | i i i 6 5 | 2 6 6 6 5 3 | 0 6 i 3 5 | 6·i 5 6 5 |

流。 闲 云 潭 影 日 悠 悠， 物 换 星 移 几 度 秋。

为保持全曲结构的对称性，后四句再反复一次，但开头的"闲云潭影"与尾句有变化，最后一句渐慢，"槛外长江"推向高潮后，再重复尾句"空自流"。最后渐弱收束，表达时光易逝，几度春秋，滕王阁栏外的滔滔江水空自向远方奔流。

Rit

0 i 6 5 | 6·i | 2 — | 2 i 6 | 6 — | 6 i 6 | 6 — | 6 0 ‖

槛 外 长 江 空 自 流。 空 自 流。

滕王阁诗

1= F 4/4 2/4

王勃　词
董燕　编曲

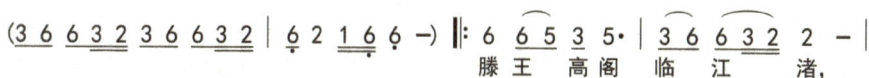

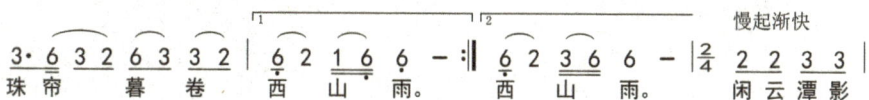

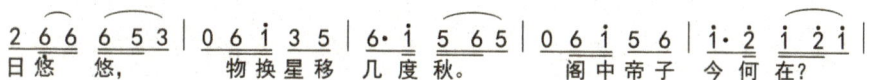

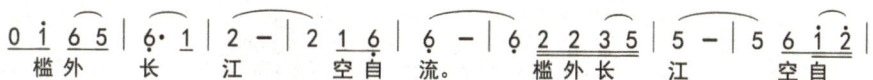

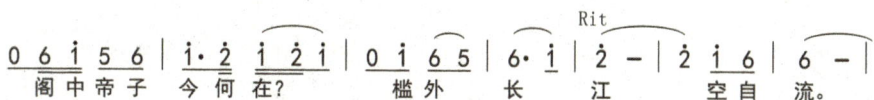

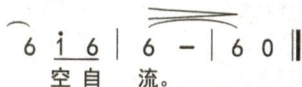

(3 6 6 3 2 3 6 6 3 2 | 6 2 1 6 6 —) ‖: 6 6 5 3 5· | 3 6 6 3 2 2 —|
　　　　　　　　　　　　　　　　　　　　　　　滕 王　高 阁　临 江　渚,

6 2 7 6 3 5 | 2 6 6 5 3 — | 3 6 1 1 2 1· | 2· 7 6 5 6 3 2 2 |
佩 玉 鸣 鸾 罢 歌舞。　画栋 朝 飞 南 浦 云,

3· 6 3 2 6 3 3 2 | 6 2 1 6 6 — :‖ 6 2 3 6 6 — | 2/4 2 2 3 3 |
珠帘　暮卷　西 山　雨。　　西 山　雨。　　　闲云潭影

2 6 6 6 5 3 | 0 6 1 3 5 | 6· 1 5 6 5 | 0 6 1 5 6 | 1· 2 1 2 1 |
日悠　悠,　　物换星移　几度秋。　　阁中帝子　今何 在?

0 1 6 5 | 6· 1 2 — | 2 1 6 | 6 — | 6 2 2 3 5 | 5 — | 5 6 1 2 |
槛外　长 江　空自 流。　　槛外长 江　空自

1 — | 1 1 1 6 5 | 2 6 6 6 5 3 | 0 6 1 3 5 | 6· 1 5 6 5 |
流。　闲云潭影 日悠 悠,　　物换星移　几度秋。

慢起渐快

Rit

0 6 1 5 6 | 1· 2 1 2 1 | 0 1 6 5 | 6· 1 2 — | 2 1 6 | 6 — |
阁中帝子　今何 在?　　槛外　长 江　空自 流。

6 1 6 | 6 — | 6 0 ‖
空自　流。

南昌滕王阁

七

带湖村居

【学习目标】

1. 通过学习激发对赣剧弹腔南词及其相关文化的兴趣。

2. 通过聆听、学唱等方法学习这首《带湖村居》，体悟与尝试表现歌曲婉转明快的情绪。

3. 感受江南音调的唱腔韵味，有表现力地背唱这首歌。

【诗词简介】

辛弃疾，南宋首屈一指的爱国词人，一生壮志满怀，却报国无门。晚年归隐田园，《清平乐·村居》这首词就是辛弃疾晚年遭受议和派排斥和打击，壮志未酬，归隐上饶带湖闲居农村时写的，"清平乐"是词牌名，"村居"是题目。在此我将题目改成《带湖村居》，以突显地域特色。

这首词紧紧围绕着小溪布置画面，展开人物的活动，一家五口的神态跃然眼前，呈现出一种清新宁馨的风格。上阕前两句作者只用了淡淡的两笔，就把由茅屋、小溪、青草组成的清新秀丽的环境勾画出来了。三四两句，描写了一对满头白发的翁媪，亲热地坐在一起，一边喝酒，一边聊天的悠闲自得的画面，这几句尽管写得很平淡，但是，一对白发翁媪，乘着酒意，彼此"媚好"，亲密无间的画面跃然眼前。这种和谐、温暖、惬意的老年夫妻的幸福生活，被诗歌形象地描绘出来了。下阕四句，采用白描手法，直书其事，和盘托出三个儿子的不同形象。大儿子是家中的主要劳力，担负着溪东豆地里锄草的重担。二儿子年纪尚小，在家里编织鸡笼。三儿子不懂世事，只知任意地调皮玩耍，看他躺卧在溪边剥莲蓬吃的神态，即可知晓。

在远离抗金前线的村庄，这种和平宁静的画面，是现实生活的反映。辛弃疾一生始终关心宋朝恢复大业，他向往这样的农村生活，因而会更加激起他抗击金兵、收复中原、统一祖国的爱国热忱。

【选用素材】

南词由浙江传入，曲调婉转明快而多变化，有正板、连板、叠板、快板（激板）及哭相思、弦索调、花滩等。这首《带湖村居》的创作素材选自赣剧《梁祝姻缘·书馆夜读》祝英台的唱段《耳听得更鼓来山外》。

耳听得更鼓来山外

《梁祝姻缘·书馆夜读》祝英台 [旦] 唱

刘震海 编曲
程南豪
潘凤霞 演唱

1 = D

中速

【南词正板】

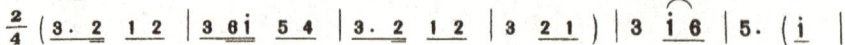

耳听得

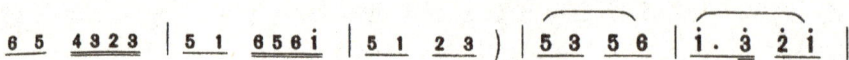

更　鼓

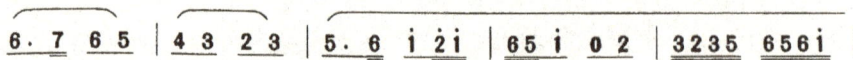

来　山　外，

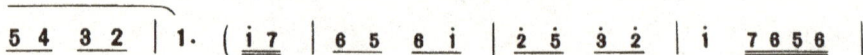

又只见　梁兄

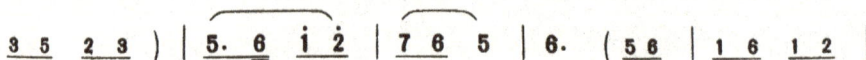

卧　书　斋。

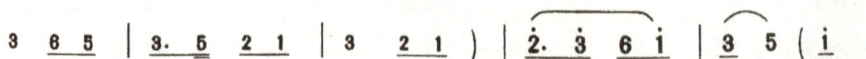

春　寒

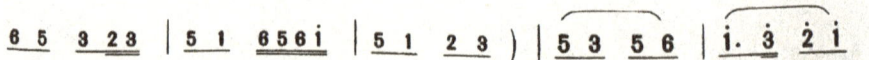

料　峭

【音乐简介】

《带湖村居》是一首用南词音调为素材创作而成的具有江南民谣风格的赣剧戏歌。

一、音调的提炼

1.典型江南民歌与南词音调的关系

茉莉花	3235 6516 | 53 5 好 一朵茉莉 花，	523532 | 161· 香也香 不过 它，
南词	3 16 | 5· 耳听 得	5432 | 1 —
关系	南词首句音调由茉莉花首句旋律骨干音组成	南词拖腔音调酷似茉莉花尾句音调

2.《带湖村居》主题音调与南词音调的关系

南词	3 16 | 5· 耳听 得	3235 6561 | 5 4 32 | 1 — |
带湖村居	3· 1 1 76 | 6 5 — — | 茅檐低 小，	6· 1 5 4 3 2 | 1 — — — | 溪上青 青 草。
关系	本曲主题乐句是由南词首句音调的骨干音组成	本曲第二句旋律是南词拖腔音调的简化提炼

二、主题乐句的贯穿

全曲共由 11 个乐句组成，其中有 7 个乐句贯穿了主题。

次序	旋律曲谱	主题变化手法
1	3· 1 1 76 ｜ 6 5 － － ｜ 茅檐低　　小，	在原南词首句中变化节拍
2	6· 1 5 4 3 2 ｜ 1 － － － ｜ 溪上青青　　草。	是原南词中拖腔音调的简化，也是第一乐句的下四度模进变化
3	2 2 2 6 76 ｜ 6 5 － － ｜ 大儿锄豆溪　东，	第一乐句扩展首音而成
4	5 5 4 3 2 － ｜ 小儿亡　赖，	第二乐句后半句省略尾音 1 再现而成
5	3 3 3 1 1 76 ｜ 6 5 － 4 3 ｜ 溪头卧剥莲　　蓬　噢，	第一句主题完全再现，填词时在前二拍有节奏的变化
6	2· 3 4 5 3 2 2 ｜ 1 － － － ｜ 	由第二乐句旋律在起音上压缩变化而来的拖腔旋律
7	6 6 6 4 3 2 2 ｜ 1 － － － ‖ 溪头卧剥莲　　蓬。	是主题乐句旋律上升四度模进而成的全曲结尾

三、乐句对称，乐段方整

旋律	3· 1 1 76 ｜ 6 5 － － ｜ 茅檐低　　小，
节奏	X· X X X X ｜ X X － － ｜

　　全曲各句基本上由 4/4 节拍的两小节共八拍构成，每两句相互对称，构成小段，四句构成一完整乐段。在四句构成的乐段中，只

有第三句开头一小节是略加变化的。在对称中寻变化，在变化中求统一。

在创作这首《带湖村居》时，在以上几个方面力求呈现江南民歌的韵味，使得旋律委婉、抒情，词曲紧密配合，诗情画意地描绘出一幅江南田园图景。

带湖村居

辛弃疾 词
董 燕 曲

1= D 4/4

(3·2 3 2 3 5 | 6 - 2̇ 7 | 6·7 6 5 3 2 3 5 | 6 i 0 2 | 3·5 3 5 6 5 6 i̇ |
　　　　　　伴：啊　　　　　　　　　　　　　　　啊

5 4 3 2 | 1 - - -) | 3·i̇ i̇ 7 6 | 6 5 - - | 6·i̇ 5 4 3 2 | 1 - - - |
　　　　　　　　　茅　檐　低　小，　　溪　上　青　青　草。

3 2 1 - 2 3 | 5 6 4 5 3 - | 5 5 5 6 i̇ 2̇ 7 | 6 - - - |
醉　里　吴　音　相　媚　好，　白　发　谁　家　翁　　妪？

2̇ 2̇ 2̇ 6 7 6 | 6 5 - - | 6 5 6 1 2 | 5 4 3 - - | i̇ 6 i̇ 0 2 |
大　儿　锄　豆　溪　东，　　中　儿　正　织　鸡　笼。　　最　喜

5 5 4 3 2 - | 3 3 3 i̇ i̇ 7 6 | 6 5 - 4 3 | 2·3 4 5 3 2 2̇ |
小　儿　亡　赖，　溪　头　卧　剥　莲　蓬　噢，

1 - - - | i̇ 6 i̇ 0 2 | 3̇ 3̇ 2̇ 7 6 - | 6 6 6 4 3 2 2̇ | i̇ - - - ‖
　　　　　最　喜　　小　儿　亡　赖，　溪　头　卧　剥　莲　　蓬。

辛弃疾

八

采菊东篱下

【学习目标】

1.通过学习激发对赣剧弹腔的浙调及其相关文化感兴趣。

2.通过聆听、学唱这首用赣剧素材新创作的《采菊东篱下》，积极感受歌曲的诗情画意及音乐的节拍、节奏、旋律及情绪特点。

3.将当今的音乐风格融入浙调怡然、潇洒的唱腔韵味，有表现力地演唱这首歌。

【诗词简介】

陶渊明，江西九江人，东晋诗人。酷爱田园生活的宁静和自由，厌恶官场的丑恶污浊，他虽几次出来做小官，但最终辞官归隐，永不出仕。隐居生活更主要的是追求精神上的自由境界。《饮酒》是一组五言古诗，是陶渊明弃官归隐田园之后，借饮酒来抒情言志而作，共二十首，其中的第五首最受欢迎。

《饮酒·其五》，诗人从居住的草庐写起，反思归田后自己的生活状况，他并没有隐居山林岩穴，也没有寄身庙宇，而是身处喧嚣的"人境"。第三、四句自问自答颇富情趣，"问君何能尔？

心远地自偏"，言语间自豪而自足，因为心情闲适，心志高远，所以居所也显得偏僻安静。

"采菊东篱下，悠然见南山"这两句是千古传诵的名句，是诗人心与自然的会意与亲近。陶渊明爱菊，寄予菊花以高洁的情致，菊花几乎成了陶渊明的化身，为增加音乐标题的诗意，在此以《采菊东篱下》为题。"东篱"象征了远离尘俗、洁身自好的品格，而"南山"在陶渊明的现实和精神上都是世俗尘网的对立物，他以高洁的情怀，悠然的情致会心于南山，物我两忘，怡然自得。

"山气日夕佳，飞鸟相与还。此中有真意，欲辨已忘言。"飞鸟晨出夕还，眷恋山林，人生亦如此，摆脱礼教的束缚和世俗的虚伪，回到质朴的状态，恢复人的自然率性，反映出他超脱世俗的人生追求和不与封建统治阶级同流合污的高洁人格，点明全诗的主旨。

【选用素材】

浙调，据说是从婺剧金华班传来。婺剧叫它啰啰调，又名三五七。腔调古朴典雅、优美愉悦。板式有倒板、正板、叠板、流水。老浙调、七江调等，用笛子伴奏为主。净角演唱加小唢呐伴奏。老浙调曲调高昂转折，用于悲愤、紧张等场面。浙调传入饶河派中较晚，艺人们称它为水路戏，以别于用皮黄为主腔的老路戏。这首《采菊东篱下》选用了赣剧《花亭会》高文举唱段，浙调唱腔。

浙 调

（选自《花亭会》高文举唱段）

刘加连演唱
周艺芳记谱

1 = ♭E

中速 ♩=88

$\frac{2}{4}$ (大大大 大大 | 大大大大 大大 | 台台 七台 | 台 台) | 1. 2 3 1 | 2. (5 |
听（啊）谯 楼

3532 1561 | 2) 3 5 | 5 1 6 5 | 1. 3 2 3 1 | 1 5 3 5 | 2. (5 |
打起 了 初 更 鼓（哇） 响，

3532 1561 | 2) 5 3 | 2321 6 1 | 1 1. 2 | 1 2 1 6 5 | (3 5 6 i 5 3 |
想（啊）起 了 姐 （呀）姐

2 1 2 3 5) | 1. 2 5 3 | 3 5 3 2 | 1 - | 1. 2 3 1 | 2. (5 |
好 不 凄（啊）凉。 用 手 推

【音乐简介】

这首《采菊东篱下》是三段体结构的歌曲。

第一段呈示音乐主题，是在赣剧弹腔中的浙调旋律基础上改造而成。将原唱腔的二拍子改成三拍子，使旋律更轻松活泼，具舞蹈节奏韵律，特别是把原唱腔中的间奏完整保留，安装了"郎格里格郎"等衬字用人声演唱，融入了流行歌曲的色彩与风格，着力表现"心远地自偏"的潇洒浪漫与神游自然的情怀。

第二段是发展乐段，"采菊东篱下，悠然见南山"历来被评为"静穆""淡远"，得到很高的赞誉。本曲把这两句诗设计为中段，初衷是突出它在全曲中的重要性。其旋律是用第一段的主题

1·2 3112 25 | 3·2 1561 | 2 — 境，为基调发展变化派生出来的对比乐段，
结 庐 在 人

其中充分使用了节奏节拍对比，调式调性对比，音区对比等艺术手段，创新了具有古韵今风的时尚曲调（见下图旋律分析），舒展飘逸的旋律与梦幻神游的诗句紧密结合，互相映衬，将本曲推向高潮，致力于表达诗句中投射出来的崇尚自然、超凡脱俗的艺术境界。

d羽调式　　　　　　　　　　　　　F宫调式

2/4 356 | 6 — 62 75 | 5675 | 6 — | 6 | 532 | 61· | 1356 | i 126 |
　　采　　菊　　　东　　篱　　下，　　　悠　　然　　见　　南

g羽调式　　　　　d羽调式　　　　　　　F宫调式

5 — | 5 656 | 2 — | 2276 | 5672 | 6 — | 6 | i65 | 3 — | 33 56 |
山。　　采　　菊　　东　　篱　　下，　　　悠　　然　　见

i 6562 | i — | i 6532 | 1 — |
南　　　山。　　见南　山。

　　本曲的第三段是诗句"山气日夕佳，飞鸟相与还。此中有真意，欲辨已忘言"。这段曲调完全再现第一段的音乐主题，构成了现代歌曲"ABA"的音乐结构，强化了音乐主题，再加一个小尾声结束。

采菊东篱下

（原名《饮酒·其五》）

浙 调 新 编
陶渊明 词
董 燕 曲

1=F 3/4 2/4

| 1·2 3 1 2 2 5 | 3·2 1 5 6 1 | 2 | 3 5 i 6 5 | 1·3 2 3 1 1 5 | 5 3 2· 5 |
结庐 在 人 境，而无 车 马 喧。（郎

| 3 5 3 2 1 5 6 1 2 5 | 5 3 2 1 6 1 | 1 i·2 i 2 i 6 |
里格郎格里格郎格郎）问 君 何 能

| 5 3 5 6 i 5 6 5 3 | 2·1 2 3 5 1·2 | 5 3 5 3 2 | 1 — 3 5 6 |
尔?（里格郎格郎格里格 郎格里格郎）心 远 地自 偏。采

| 2/4 6 — | 6 2 7 5 | 5 6 7 5 | 6 — | 6 5 3 2 | 6 1· | 1 3 5 6 | i 1 2 6 |
菊 东 篱 下，悠 然 见 南

| 5 — | 5 6 5 6 | 2 — | 2 2 7 6 | 5 6 7 2 | 6 — | 6 i 6 5 | 3 — | 3 3 5 6 |
山。 采 菊 东 篱 下，悠 然 见

| i 6 5 6 2 | i — | i 6 5 3 2 | 1 — 3/4 | 1·2 3 1 2 2 5 | 3·2 1 5 6 1 | 2 |
南 山。 见 南 山。 山气 日 夕 佳，

| 3 5 i 6 5 | 1·3 2 3 1 1 5 | 5 3 2· 5 | 3 5 3 2 1 5 6 1 2 5 |
飞 鸟 相 与 还。（郎 里格郎格里格郎格郎）此

| 5 3 2 1 6 1 | 1 i·2 i 2 i 6 | 5 3 5 6 i 5 6 5 3 | 2·1 2 3 5 1·2 |
中 有 真 意，（里格郎格郎格里格 郎格里格郎）欲

| 5 3 5 3 2 | 1·5 6 | i — — ‖
辨 已忘 言。已忘 言。

陶渊明纪念馆

附：赣剧音乐图谱

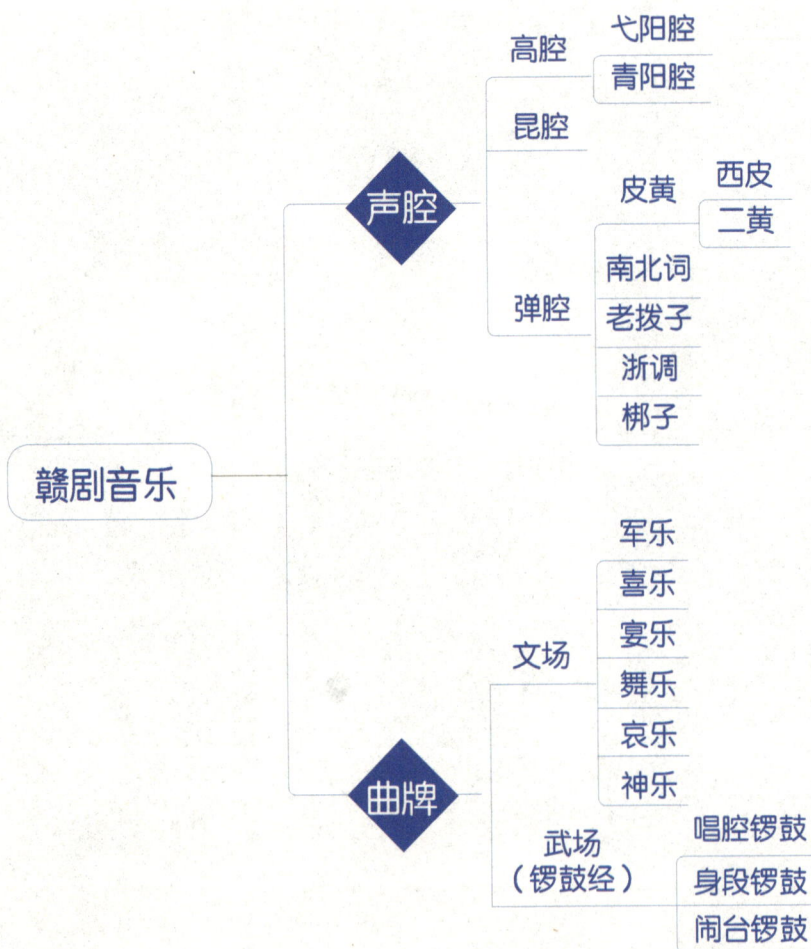

```
                              ┌── 高腔 ──┬── 弋阳腔
                              │          └── 青阳腔
                              │
                      ┌─ 声腔 ┼── 昆腔
                      │       │
                      │       ├── 皮黄 ──┬── 西皮
                      │       │          └── 二黄
                      │       │
                      │       └── 弹腔 ──┬── 南北词
                      │                  ├── 老拨子
赣剧音乐 ──────────────┤                  ├── 浙调
                      │                  └── 梆子
                      │
                      │              ┌── 军乐
                      │              ├── 喜乐
                      │       ┌─ 文场 ┼── 宴乐
                      │       │      ├── 舞乐
                      └─ 曲牌 ┤      ├── 哀乐
                              │      └── 神乐
                              │
                              └── 武场 ──┬── 唱腔锣鼓
                                 （锣鼓经）├── 身段锣鼓
                                         └── 闹台锣鼓
```